职工薪酬与企业绩效

袁堂梅 ◎ 著

ZHIGONG XINCHOU YU QIYE JIXIAO

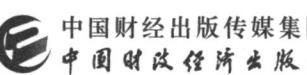

中国财经出版传媒集团
中国财政经济出版社

图书在版编目（CIP）数据

职工薪酬与企业绩效 ／袁堂梅著. ――北京：中国财政经济出版社，2022.2
ISBN 978-7-5223-0191-4

Ⅰ.①职… Ⅱ.①袁… Ⅲ.①企业管理-工资管理-研究 Ⅳ.①F272.923

中国版本图书馆 CIP 数据核字（2020）第 241176 号

责任编辑：翁晓红　　　　责任校对：徐艳丽
封面设计：陈宇琰　　　　责任印制：刘春年

中国财政经济出版社 出版

URL：http://www.cfeph.cn
E-mail：cfeph@cfeph.cn

（版权所有　翻印必究）

社址：北京市海淀区阜成路甲 28 号　邮政编码：100142
营销中心电话：010-88191522
天猫网店：中国财政经济出版社旗舰店
网址：https://zgczjjcbs.tmall.com
北京财经印刷厂印刷　各地新华书店经销
成品尺寸：185mm×260mm　16 开　11.25 印张　220 000 字
2022 年 2 月第 1 版　2022 年 2 月北京第 1 次印刷
定价：56.00 元
ISBN 978-7-5223-0191-4
（图书出现印装问题，本社负责调换，电话：010-88190548）
本社质量投诉电话：010-88190744
打击盗版举报热线：010-88191661　QQ：2242791300

本书得到山东省科技厅自然科学基金项目"基于 RFID 的制造企业物流成本核算技术突破与降低策略研究"（ZR2017LG002）的资助。

前 言

2013年10月，习近平总书记在印度尼西亚国会发表题为"携手建设中国－东盟命运共同体"的重要演讲，提出"计利当计天下利"，这对重新思考会计的财富计量功能有深层次启迪（周守华和刘国强，2016）。一方面，职工薪酬是雇员行为的重要驱动因素，影响企业运营过程和结果（Gupta和Shaw，2014）。企业运营在为股东创造利益的同时，也为职工创造收入、为国家缴纳税金、为债权人支付利息，因此从"计天下利"的广义视角，企业绩效是包含职工利益、股东利益、国家利益和债权人利益的企业绩效，这才是与薪酬激励相匹配的企业绩效。另一方面，薪酬差距是薪酬体系设计的重要考虑因素，能够激励员工产生期望的行为和绩效，一直是组织管理研究领域的核心议题，然而现有文献的相关研究大多是基于股东利益的企业绩效，并且从经济视角与行为视角，学者们形成了"锦标赛理论"和"行为理论"的对立观点（张海燕和张正堂，2020）。因此，本书将基于"计天下利"视角的企业绩效，从多方面验证企业职工薪酬的绩效效应及其作用机理。

一、目前国内外研究的现状和趋势

在企业薪酬绩效效应研究领域，学者们大多基于股东利益的企业绩效分别从经济视角和行为视角进行了研究，并且得出了不同的结论。本书将从"计天下利"角度度量企业绩效，由此从以下几方面对国内外现有的相关研究进行回顾。

（一）会计应从"计天下利"角度综合考虑企业为社会创造的价值

周守华和刘国强（2016）探讨"计天下利"与会计发展问题时指出："会计首先应计量为之服务的特定主体或者单位的利益，但这不是全部，会计还应该计量特定地区的社会利益。工业现代化往往伴随很多问题，单纯强调会计服务的特定单位，可能会出现损害其他主体利益的现象。因此，会计除了计量特定主体的经济利益，还应该综合考虑社会利益。"就财富计量而言，"计天下利"思想既丰富了会计的内涵，又拓展了会计的外延，应从发展的角度计量和谋划企业、职工、集体、国家和全社会的利益。周守华和刘国强（2016）同时指出，贯彻"计天下利"思想，需要研究和解决的问题很多。其中，传统会计主体假设是一个开放的概念，可以根据实际情况涵盖个人、家庭、企事业单位甚至政府部门，"计天下利"的主体，显然包括了抽象的政府、社会等更多模糊主体。沈洪涛（2018）指出"可持续发展会计的内涵，已从组织的经济活动拓展到了组织的经济、社会与环境影响三个维度"。劳动价值论认为物化劳动转移旧价值、活劳动创造新价值，如果薪酬水平和薪酬差距能够激励高管和员工，最终应该表现为企业新创造价值的提升。因此与薪酬激励相匹配的指标理应是从"计天下利"角度衡量的企业新创造价值，新创造价值加上企业长期投资收回额即为企业创造的国内生产总值（GDP）。所以有必要以企业新创造价值和企业创造 GDP 作为新增企业绩效衡量指标，作进一步研究。

（二）薪酬水平绩效效应现有实证研究回顾

现有文献在普通职工薪酬的研究方面，大多集中在劳动生产率以及员工工作满意度方面。有关普通职工薪酬对企业绩效影响的文献主要在以下两个方面有所研究。

一是企业全部职工薪酬与企业绩效。伍晓奕、汪纯孝和谢礼珊（2006）认为，只有企业员工对自己的薪酬和福利感到满意时，其才会愿意付出更多的努力回报企业，进而促进企业绩效提高。陈冬华（2012）基于中国上市公司数据进行的研究表明，职工薪酬对企业会计业绩有正面影响，企业职工薪酬增长与企业未来会计业绩增长有着明显的正相关关系。

二是企业普通员工薪酬与企业绩效。关于企业员工薪酬与企业绩效关系的研究，鲁小东等（2012）以我国上市公司 2001—2009 年的数据为样本，研究了企业成长性与普通职工薪酬成长性之间的关系，发现普通职工薪酬与公司成长性是同方向变化的。董斌、曲蓬（2014）以非金融 A 股公司 2000—2011 年数据为样本进行了研究，发现普通职工薪酬与公司经营业绩存在显著的正相关关系。陈琛、冉秋红（2015）选取 611 家制造业上市公司 2009—2013 年的数据为研究对象进行了相关检验，结论与董斌一致，普通员工薪酬的提高能够显著增强员工的工作积极性，提高其工作效率，从而提升企业绩效。张燕红、李洁（2016）通过运用 2014 年沪、深 A 股上市公司数据，证明普通职工薪酬对企业绩效有正向影响，即提高企业普通员工的工资能很好地调动企业普通员工的工作积极性，提高劳动效率，从而提高企业整体绩效。

（三）薪酬差距绩效效应现有实证研究回顾

1. 主效应方面：薪酬差距对企业绩效的主效应研究至今未取得明确结论（黎文靖，2012；张海燕和张正堂，2020）。一部分学者运用经济视角（锦标赛理论），推测并证实了薪酬差距对绩效的正效应（林浚清等，2003；Lee et al.，2008；刘春和孙亮，2010；李邵龙等 2012；黎文靖等，2014；Dole，2015；梁上坤等 2019）；另一部分学者则基于行为视角（社会比较理论），论证了薪酬差距对绩效的负效应（Bloom，1999；Siegel 和 Hambrick，2005；Ensley 等，2007；Fredrickson 等，2010；张正堂，2008；黎文靖和胡玉明，2012；张泽南和马永强，2014；Hill 等，2017；Jaskiewicz 等，2017）。也有部分学者实证揭示了两者间的"U"形或倒"U"形关系（Henderson 和 Fredrickson，2001；缪毅和胡奕明，2014；Ridge 等，2015；Feng 等，2017；

陈德球和步丹璐，2015）。此外，还有少部分学者揭示了薪酬差距对绩效更为复杂的影响（Beersma 等，2003；张正堂等，2014；Super 等，2016；王剑等，2020）。

2. 中介效应方面：通过考察中介机制来进一步明确薪酬差距绩效效应方面的研究成果十分单薄（张海燕和张正堂，2020）。仅有个别研究提出"团队内冲突、凝聚力和团队效能"（Ensley 等，2007），薪酬差距的合法性认知（Aime 等，2010），薪酬满意度变异（Perrigino 等，2016），薪酬公平感知（Feng 等，2017），内部控制（冯丽娟和苟永宁，2020）等在薪酬差距绩效效应中扮演中介角色。

二、薪酬差距绩效效应现有研究存在的不足

（一）仅从股东利益角度来衡量企业绩效

鲁海帆（2006）曾指出，"与薪酬相关的企业绩效的可度量性以及度量指标的选取一直是激励研究的一个难题"。目前国内外研究中主要采用基于会计的、市场的以及相对业绩三种指标基础度量企业绩效，而这些指标均是从企业股东利益的角度来衡量企业业绩，仅代表企业为"股东"获利的能力强、股东资本市值高，再加上管理层利润操纵等，这些指标值高并不代表薪酬差距具有正向激励效应。薪酬激励的全部结果应该是企业新创造的价值总额，因此研究薪酬差距的绩效效应应该选取与之匹配的企业新创造的价值指标。

（二）对绩效效应"黑箱"的考察十分欠缺

近20年的研究结果显示，薪酬差距影响绩效研究的重点放在了绩效主效应和调节效应上，对绩效效应"黑箱"考察十分欠缺（张海燕和张正堂，2020）。现有文献分析股东利益与薪酬差距外在相关现象的较多：锦标赛理论研究以薪酬差距与股东利益正相关这一外在现象进行分析；社会比较理论研究仅提出薪酬差距可能带来严重的社会分配不公问题；在内在机理研究方面仅个别研究提出零散的中介变量进行中介效应分析。因此，前期对薪酬差距绩效效应的内在机理方面没有能够达成共识的研究结果。

综上所述，现有研究中的企业绩效指标虽未形成统一的标准，但都仅基于股东利益，由此导致绩效指标的界定范畴太窄，与薪酬激励的总体结果不匹配。针对薪酬差距绩效效应的机理，学者们虽然给出了一些调节变量和中介变量，但过于零散；前期对于薪酬差距如何提升或降低企业业绩的内在机理研究也并没有令人信服的研究结果。基于此，本书将从"计天下利"角度构建与薪酬激励相匹配的企业绩效衡量指标，并结合职工薪酬水平的变动，深入探讨薪酬差距对企业绩效的影响及其内在机理，为企业薪酬制度安排和国家宏观经济政策提供证据支持。

三、本书独特的学术价值和应用价值

（一）学术价值

1. 拓展企业绩效的评价范围，打破单纯基于股东利益的思维限制，为企业绩效

研究提供新的衡量指标和新的分析视角。企业运营成果不仅包括为股东创造的利润，还包括发放的职工工资、缴纳的税金、支付的利息等内容，这是基于劳动价值论的企业职工新创造价值。超越单纯基于股东利益，增加企业为职工、国家和债权人所创造利益，是从"计天下利"角度对企业绩效的衡量。

2. 将薪酬差距与薪酬水平结合起来探索薪酬差距绩效效应及其作用机理，克服仅就薪酬差距进行研究的片面性。现有薪酬差距激励效果研究大多仅从薪酬差距单方面进行，忽视了薪酬水平对于职工工作积极性的影响，研究结果带有片面性。将薪酬差距与薪酬水平结合起来进行研究，可以深入探索企业内部薪酬差距的激励效果和内在机理。

（二）应用价值

1. 构建与薪酬激励相匹配的企业绩效指标，为企业绩效衡量和绩效管理提供支撑。基于"计天下利"视角构建的企业绩效指标与原 ROA、ROE 和托宾 Q 等相比，增加了企业对相关利益主体所做贡献的评价，该企业绩效指标可与企业薪酬激励相匹配，为企业绩效衡量和绩效管理提供支撑。

2. 为企业薪酬体系设计和国家限薪政策的制定提供借鉴。实证检验薪酬差距和薪酬水平对"计天下利"企业绩效指标的影响，以及传导路径和作用机理，可对企业组织薪酬体系设计和国家限薪政策的制定提供经验数据支持。

四、研究目标

基于"计天下利"企业绩效指标，检验薪酬差距对企业员工的实际激励效果及其内在机理，挖掘存在于薪酬水平、薪酬差距与企业绩效之间的因果联结机制，实证解析企业内部薪酬差距对企业绩效的作用方向以及传导路径，破解薪酬差距绩效效应的"黑箱"机制，为企业薪酬制度安排和国家限薪政策提供证据支持。

（一）基于"计天下利"视角构建新的企业绩效衡量指标

基于马克思劳动价值论、人本管理、分配激励等理论，从"计天下利"角度对企业新创造价值进行重点研究，在考虑企业为股东创造利润的基础上，将企业为其他利益相关者创造的利益纳入企业绩效体系，进而构建出企业运营结果的全面评价体系，以期克服现有指标仅从股东利益角度评价企业的弊端。

（二）结合薪酬水平检验薪酬差距对企业绩效的影响

现有文献大多研究薪酬差距对企业股东利益的影响，而薪酬差距激励的成果除了股东利益外，还有职工利益、国家利益、债权人利益等；同时薪酬差距的扩大往往伴随着薪酬水平的变动。因此本书将薪酬差距与薪酬水平结合起来，检验对企业绩效的影响。

五、创新之处

（一）学术思想创新

论证以"马克思劳动价值论"为基础，从"计天下利"视角对企业劳动创造的价值进行全面评价，促进企业经营目标从股东经济利益向社会效益目标拓展。基于劳动价值论、人本管理和分配激励等理论论证职工薪酬属于新创造价值范畴，考虑企业经营对职工、股东、国家和社会的全部贡献，确定"计天下利"企业绩效指标的涵盖范畴和衡量方法，打破只核算股东利益的思维限制。

（二）学术观点创新

基于马克思劳动价值论构建兼具经济效益和社会效益的绩效评价指标体系，将引导和鼓励企业乐于承担社会责任，缩小薪酬差距，促进共同富裕，创造更多社会财富。基于马克思劳动价值论，探讨重视广大劳动群众利益对于提高劳动效率的巨大作用。考查企业绩效评价与企业价值创造和社会财富增长的关系，即在社会主义企业的分配中充分考虑企业员工的主力军作用，尽量缩小薪酬差距，以充分调动企业员工的工作热情和创新积极性，提高工作效率，从而鼓励企业乐于承担社会责任，创造更多的社会财富。

具体学术观点有：（1）职工薪酬的增长可以促进企业节约成本；（2）提高高管薪酬水平和扩大薪酬差距并不能够缓解代理成本；（3）普通职工薪酬越高，越有利于企业价值创造，提高职工薪酬，可增加企业盈利；（4）薪酬差距扩大是以社会损失为代价提升企业股东利益；（5）高管员工薪酬差距扩大会造成显著的员工收入损失；（6）高管员工薪酬差距扩大会造成显著的GDP损失；（7）高管员工薪酬差距扩大会降低企业创新投资和创新投资转化效率。

（三）研究方法创新

结合薪酬水平考察薪酬差距对企业绩效的影响及其机理。运用中介效应模型，重点剖析企业新创造价值、薪酬水平、薪酬差距、税金、利息、收入与成本、公司治理因素、企业创造GDP等核心变量的复杂因果关系，定性定量分析薪酬差距驱动绩效变动的方向和传导路径。

目 录

第一章
"计天下利"视角下的企业薪酬与企业绩效 1

    第一节　从"计天下利"角度综合考虑企业为社会创造的价值　1
    第二节　"计天下利"视角下企业绩效指标的理论解析　4
    第三节　马克思价值分配理论与职工薪酬的双重属性　7
    第四节　将职工薪酬视作新价值创造内容的指标回顾　8
    第五节　现有绩效指标缺陷与构建"计天下利"绩效指标的必要性　12
    第六节　基于人本管理的企业成本调整和"计天下利"绩效指标构建　13
    第七节　基于"计天下利"构建企业绩效指标的意义　16
    参考文献　17

第二章
职工薪酬增长与企业成本节约 20

    第一节　我国企业成本构成中的人工成本现状　20
    第二节　人工成本与薪酬激励　25
    第三节　文献回顾与假设提出　27
    第四节　变量的选择计量与研究模型　33
    第五节　样本选择与数据分析　39
    第六节　回归结果及其分析　42
    第七节　追加研究：提高职工薪酬对股东收益和社会效益有何影响　53
    第八节　结论、启示与政策含义　58
    参考文献　59

第三章
薪酬差距扩大与员工收入损失　　63

- 第一节　文献回顾与研究问题　　65
- 第二节　理论阐释与研究假设　　68
- 第三节　变量的选择计量与研究模型　　70
- 第四节　样本选择与描述性统计　　74
- 第五节　实证结果及分析　　75
- 第六节　稳健性检验　　79
- 第七节　进一步验证：薪酬差距拉大的同时能否实现劳动报酬同步提高　　81
- 第八节　研究结论及启示　　85
- 参考文献　　86

第四章
薪酬差距扩大与 GDP 损失　　90

- 第一节　文献回顾与研究问题　　92
- 第二节　理论阐释与研究假设　　95
- 第三节　变量的选择计量与研究模型　　97
- 第四节　样本选择与描述性统计　　101
- 第五节　实证结果及分析　　103
- 第六节　稳健性检验　　107
- 第七节　进一步探究薪酬差距扩大时 ROA 的来源　　110
- 第八节　研究结论及启示　　117
- 参考文献　　118

第五章
薪酬水平、薪酬差距与创新投资　　123

- 第一节　文献综述与研究问题的提出　　124
- 第二节　理论分析与假设提出　　127
- 第三节　变量的选择计量与研究模型　　130
- 第四节　样本选择与数据　　133
- 第五节　实证结果及分析　　135
- 第六节　研究结论与建议　　139
- 参考文献　　140

附录
案例 144

    附录一 稻盛和夫的阿米巴经营   144

    附录二 韩都衣舍的小组制   152

    附录三 海尔的自主经营体及其成本控制   155

    附录四 瑞立美联的成本分析与现场讨论会   159

    参考文献   162

第一章
"计天下利"视角下的企业薪酬与企业绩效

2013年10月,习近平总书记在印度尼西亚国会发表题为"携手建设中国–东盟命运共同体"的重要演讲,提出"计利当计天下利",这对重新思考会计的财富计量功能有深层次启迪(周守华和刘国强,2016)。企业运营在为股东创造利益的同时,也为职工创造收入、为国家纳税、为债权人付息。薪酬是雇员行为的重要驱动因素,影响企业运营过程和结果(Gupta和Shaw,2014),因此与薪酬激励相匹配的企业绩效,是应包含职工利益、股东利益、国家利益和债权人利益的企业绩效。但是在薪酬水平和薪酬差距绩效效应的研究领域,学者们大多基于股东利益的企业绩效分别从经济视角和行为视角进行研究。本书将基于"计天下利"广义视角的企业绩效,多方面验证企业职工薪酬及其差距的绩效效应及其作用机制。

第一节 从"计天下利"角度综合考虑企业为社会创造的价值

周守华和刘国强(2016)探讨"计天下利"与会计未来发展时同时指出,应从发展的角度计量和谋划企业、职工、集体、国家和全社会的利益。贯彻"计天下利"思想,需要研究和解决的问题很多。其中,传统会计主体假设是一个开放的概念,可以根据实际情况涵盖个人、家庭、企事业单位甚至政府部门,"计天下利"的主体,显然包括了抽象的政府、社会等更多模糊主体。沈洪涛(2018)指出,"可持续发展会计的内涵,已从组织的经济活动拓展到了组织的经济、社会与环境影响三个维度"。劳动价值论认为物化劳动转移旧价值、活劳动创造新价值,如果职工薪酬及薪酬差距能够激励高管和员工,最终应该表现为企业新创造价值的提升。因此与薪酬激励相匹配的指标是从"计天下利"角度衡量的企业新创造价值。

一、企业成本与企业各种绩效指标之间的关系

根据现行会计准则和相关绩效指标的核算范围,可以直观地列出企业各种成本核

算范畴和各个企业绩效评价指标之间的关系。从图1-1中可以看出，企业成本的核算范围不同，对应企业绩效所包含的内容范围不同；对于人工费用的不同处理，形成企业成本核算的不同范围，对应不同的企业绩效指标。传统会计将"人工费用"视为成本，因此有了企业的"息税前利润"指标，如果再将"利息""税金"均视为企业成本，则形成企业的"净利润"指标。这个指标是仅就企业股东来讲的，是最狭隘意义上的企业经营绩效指标。

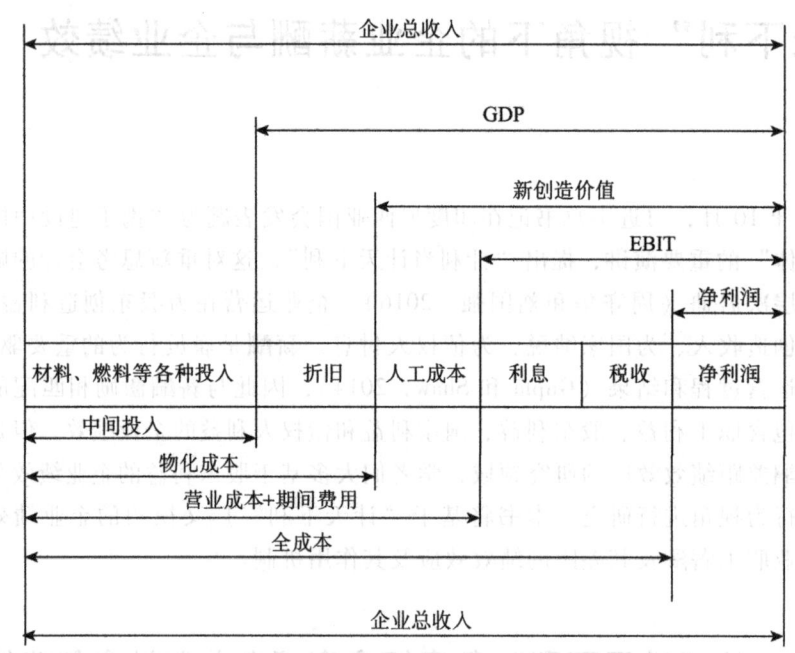

图1-1 企业绩效评价指标与企业成本关系

如果基于马克思劳动价值论的"人的根本观"和"以人为本""人本管理"理论，将"人工费用"视为企业最后分配的内容，则企业形成"新创造价值"指标，这个指标内容最终一部分作为薪酬分给职工，一部分以税金的形式交给了国家，一部分以利息的形式支付给了债权人，剩余部分以利润的形式留在企业。而这四个部分无论最后分配到了哪里，都是价值的增加和社会财富的增长，因此可以看成是企业对整个社会所做的贡献，是一个比较广泛意义上的企业经营社会绩效指标。

进一步，如果将企业回收的长期投资成本加入企业"新创造价值"，则形成了企业一定时期内创造的GDP指标。

二、"人本管理"体现了人是企业经营的根本

企业会计对于人的定位有三种：成本、资本、根本，即人是企业经营的成本，人是企业经营的资本，人是企业经营的根本。

把人作为企业经营的成本。在现行的企业财务报表中，忽视人的能动性，把人力成本看作是与其他材料等物品没有区别的企业成本。如果把企业员工看作企业发展的资本，企业员工的地位也仅仅相当于企业的硬件设施、技术水平、银行存款等。优秀的员工就相当于优秀的机器，可以给企业带来更多的增值效益；而不能为企业带来增值效益的员工，就会像淘汰机器一样遭到解聘。以这种方式经营的企业，员工会迫于压力而提高自己，但是无法对企业产生真正发自内心的认同感。可想而知，这时如果制度出现问题，员工依然会钻制度的空子。

就人是企业经营的根本来讲，人的潜力具有无限性，人的价值是材料和机器不能相比的。人只有被当作企业发展的根本来看待，才能激发出无限的潜力。因此，要把每个人都当人才来培养，不仅培养其职业素养，更要注重培养其人格，把企业作为员工展现才华、施展抱负的地方。基于人的根本观来看待职工，就不能把企业员工的报酬与其他物化成本一视同仁。既然"人工费用"是价值创造和价值分配的统一，"人工费用"具有二重性，那么不妨将职工薪酬（也就是人工费用）看作是企业新创造价值分配的一部分，而不是成本，从而企业成本核算的内容里就少了"职工薪酬"一项。也就是说基于"人的根本"观进行成本核算时，企业成本中就不再包含"人工费用"一项。

把企业员工看作是企业发展壮大的根本，不用金钱来衡量人的价值和潜力。以这种方式经营企业，员工在企业中会有强烈的归属感，并自发地提升自己，不断挖掘自己的潜力，发自内心地愿意与企业长期共同成长，荣誉共担，从而必然会为企业、为社会创造更多的价值和财富。

三、"人本管理"决定职工薪酬不同于企业其他成本耗费

劳动价值论决定了"人工费用"是包含在企业所做的"蛋糕"里的。企业职工既是企业的，也是社会的，因此企业职工领取的薪酬，虽然没能够留在企业里，被职工领走了，但它与交给国家的税金一样，最终形成社会财富的一部分。武汉大学颜鹏飞教授曾经指出，要使经济持续发展，我们首先要有一个正确的尺子来衡量所做"蛋糕"的大小，即首先弄清楚企业所做的"蛋糕"应该包括哪些内容和不应该包括哪些内容，然后才能够进一步分析有哪些因素有利于"蛋糕"做大，而又有哪些因素妨碍"蛋糕"做大。

"蛋糕"由谁来做？根据马克思的劳动价值论，劳动是价值创造的唯一源泉，这指明了蛋糕是由谁来做的问题，也说明了"人工费用"是包含在企业所做的"蛋糕"里的。而马克思的劳动二重性理论又指出，劳动价值由劳动时间来决定，劳动时间又分为社会必要劳动时间和剩余劳动时间，社会必要劳动时间劳动者为自己劳动，剩余劳动时间创造剩余价值。而这两个时间劳动的总和决定了"蛋糕"的大小，这清楚地说明了"人工费用"是包含在企业所做的"蛋糕"里的。因此，能够衡量所做"蛋糕"大小

的尺子应该是：根据马克思劳动价值论确定的企业劳动者的劳动新创造的价值。

企业劳动者的劳动新创造价值的具体大小应该由劳动者劳动的全部成果来衡量，其必然包含了社会必要劳动时间创造的价值和剩余劳动时间所创造的价值的总和，而社会必要劳动时间是劳动者为自己劳动的部分，也就是职工所得的劳动报酬（职工薪酬或者人工费用）部分，也就是说企业所做的"蛋糕"里包含"人工费用"。因此有必要基于马克思劳动价值论，建立和论证新的企业所做"蛋糕"大小的绩效评价指标，以便于分析企业对社会所作贡献和对社会财富增长的效应。

第二节　"计天下利"视角下企业绩效指标的理论解析

传统经济学从股东资本获利角度将职工薪酬看作企业人工成本，而人的能动性决定了职工薪酬不同于其他成本，职工既是价值的创造者，也是价值的分配者，职工薪酬既是企业成本的构成内容，更是分配激励的重要因素，职工薪酬与利润、税金、利息一样，分别属于职工利益、股东利益、国家利益和债权人利益；从人本管理角度，将职工薪酬从成本范畴转为分配激励内容，更能够体现以人为本的管理思想和分配激励理论。由此基于劳动价值论、人本管理和分配激励等理论，职工薪酬属于新创造价值范畴。考虑企业经营对职工、股东、国家和社会的全部贡献，确定"计天下利"绩效指标，应从股东利益、职工利益、国家利益和债权人利益等"计天下利"角度确定企业绩效核算范围，从而打破只核算股东利益的思维限制。

一、马克思劳动价值论体现"价值创造人是根本"

马克思劳动价值论认为"劳动是创造价值的唯一源泉"，因此"以人为本"是马克思主义社会发展观的一个根本原则，人本身是自己的物质生产的基础，也是他进行的其他各种生产的基础。人是企业价值增值与否的根本，企业新创造价值，即企业所做"蛋糕"的大小是劳动者劳动的结果。

武汉大学颜鹏飞教授指出，要使经济持续发展，我们首先要有一个正确的尺子来衡量"蛋糕"的大小，然后才能够进一步分析哪些因素有利于"蛋糕"做大，而哪些因素又妨碍"蛋糕"做大。因此，决定企业所做"蛋糕"大小的因素必然是企业劳动者的劳动。然而现行企业会计绩效指标只是用来衡量企业股东利益的大小，而不能衡量企业所做"蛋糕"的大小，即企业为整个社会所做贡献的大小，因此企业现行的会计指标不能作为衡量企业所做"蛋糕"大小的尺子，急需进一步从企业劳动所创造总价值的角度、从更为广泛的社会的角度来寻找这一尺子。根据马克思的劳动价值论，人是决定企业价值创造多少的根本。企业中人的劳动所创造价值的大小也必然由劳动者劳动所创造的全部成果来衡量。

二、人本管理中的"人性设定"

人本管理的相关理论是通过传统管理理论中的人性假设不断演变而来的。在道格拉斯·麦格雷戈看来，在管理中一项决策或措施的产生必定跟人性的特征和行为的假定分不开。罗华（2008）指出，从整个管理史看，管理活动经历了一个从忽视伦理调节到重视伦理作用的过程，概括起来，就是把人从简单看作工具和手段到把人看作目的的过程。贾贵生（1998）认为，人性假设是管理理论的哲学基础；管理理论的发展大体经历了五个阶段：经济管理、古典科学管理、行为科学管理、现代科学管理和企业文化管理，与此相联系，人性假设的理论也经历了机械人、经济人、社会人、理性人和主体人五个阶段，管理理论的发展是以人性假设的变化为前提的。

对人性的认识是否全面而到位，是企业实施人本管理的先决条件。而如何看待人性，便会对如何做和做的内容产生影响。尽管学者们对人本管理的说辞不一，但有一点已经形成共识，即人本管理最重要的就是要"以人为本"。基于人本管理，要求企业将人本管理的理念贯穿于企业管理的各项事务之中，包括在绩效管理中重视人本管理的原则，更加注重结果，而对于行为过程实现充分放权。在企业的薪酬管理中，要坚持人本管理的原则，就要既保证薪酬管理符合企业对成本的控制，又要实现员工对工作回报的要求，同时实现对内公平、对外具有竞争性的薪酬管理体制，实现企业与员工的双赢。

三、财务报表中的"人性假定"与职工薪酬的"成本"观

（一）财务报表中视职工薪酬为"成本"

企业对于"人"的定位有成本、资本和根本三种。在会计核算中由于：（1）传统财务报表深入人心，加上会计准则对于职工薪酬会计处理的界定，形成人们的思维定式：将职工薪酬归属于成本范畴。（2）财务会计是基于股东利益来评价企业绩效，从股东利益角度来看，企业支付给职工的薪酬是企业利益的流出，必然把职工薪酬看作费用处理。基于以上两点，会计中把人视作与机器一样的成本；并且多年来，一提到发展生产力首先想到的就是资金、项目、经济增长率等，而对人的问题的思考则相对很少。因此在大多数企业的成本核算和企业管理情境下，人被当作成本看待。传统薪酬激励方式的基本假设前提是资本（企业）雇用劳动（员工），企业与员工之间是雇用与被雇用的关系。员工只负责完成企业交办的任务，领取事先约定的薪酬，对任务完成的结果负责，承担过失责任。员工在工作中如果没有犯严重错误，就要根据工作时长领取工资。员工的工作任务是由老板安排的，他对于企业的意义（是否为客户或企业真正创造价值，或者增加利润）由老板决定，与企业员工无关。所以传统企业老板承担的是企业剩余责任，老板若没有发现别人犯错误，那么所有的错误都是自己的，企业老板要对客户和利润负终极责任。在雇用关系下，企业员工直接从企业

得到的报酬高低取决于职位级别，有时即便略有浮动，但弹性也不大。现代有些企业试图通过分享股权（所有权）的方式，让职工共同承担企业剩余责任，从而降低监督成本，但是，股权上撒芝麻得到的却是"搭便车"和公地悲剧的效果，貌似人人都负责，实际人人又不负责。科斯在其获诺贝尔经济学奖的《企业的性质》里告诉我们，因为交易成本的存在，所以才把市场合约归集在一起成立企业，用科层制的权威和计划手段组织生产与服务，降低交易成本。目前大多数企业符合以上情形。在财务会计中，从员工工资、培训、福利直到社会保险，都被算作企业的成本。以这种理念来经营企业，员工只是机械地在企业进行劳动，无法发挥出创造性，如果企业的制度有漏洞，有些员工往往铤而走险。

（二）财务会计中人工成本核算的局限性

人工成本是价值创造与价值分配的统一，因此人工成本具有二重性，它既是企业的成本，也是企业分配中职工所获得的薪酬。马克思主义劳动价值论的科学性，体现在用社会必要劳动时间度量价值量。从社会必要劳动时间与价值量的关系可以推演出社会劳动生产力、个人劳动生产力与价值量的关系，从而把价值创造与价值分配有机统一起来，由此可以推出"人工成本具有二重性"，即它既是企业成本的重要构成内容，也是企业分配的重要部分。

价值分配是指已经创造出来的价值的构成与流向，它是把企业创造的价值总体具体分解为若干项，由不同的分配主体获得。价值创造的主体与价值分配的主体可以存在不对称性，但是参与价值创造的主体与参与价值分配的主体是对称的，价值分配实质是一种社会必要生产劳动时间和剩余生产劳动时间的分配，然而社会必要生产劳动时间和剩余生产劳动时间之间并没有绝对的界限，这就决定了活劳动创造的价值分配给职工的工资和企业息税前利润之间同样没有绝对的界限。由于企业职工薪酬是企业自定薪酬制度设计的结果，其具体的高低并没有严格的标准，因此包含了人工成本的企业成本指标必然很难成为一个不同企业间具有可比性的指标，与之对应的企业会计绩效评价指标也必然如此，人工成本还可能成为企业盈余管理的一个工具。

（三）传统人工成本核算基础上的企业会计绩效指标的局限性

1. 从"股东利益至上"角度评价企业忽视了企业的社会责任。现有企业会计绩效评价指标均是以传统人工成本核算为基础计算的结果，比如企业利润或者企业净利润，基于"股东利益至上"原则从经济角度评价企业，对企业的社会责任很少涉及。20世纪60年代以前，运用较广泛的绩效评价指标是销售利润率，之后经历了税前利润，剩余收益，投资报酬率（麦尔尼期，1971），净利润（20世纪80年代），平衡计分卡（卡普兰和诺顿，1992）和EVA（Stewa，1991）。这些评价指标提供了经营成功的评判标准，基本上能够满足当时管理理念的要求。但这些指标都是以评价企业经济责任为起点的，对企业社会责任很少涉及（刘章胜、黄向阳，2011）。Hongdi Wang (2016)、Talal A (2014)、Lujie Chen (2015) 等分别从不同侧面提出了同时包含财务绩效和社会绩效的综合指标。我国在20世纪80年代构建的企业绩效评价体系经历了多次修订，但遗憾的是在历经多次调整之后，我国绩效评价体系从实物和财务混合指标不断向财务指标收缩，从企业整体不断向企业局部收缩（于增彪等，2007）。2007年引入EVA，增加了资金成本对企业价值的分配因素，2010年将EVA正式纳入业绩考核。这些变化推动了我国绩效评价体系的逐步完善和发展（白慧，2019）。但是，这种单纯的以实现利润和上缴利税为主的考核方式，使得我国现有绩效评价体系仍是以财务指标作为重点分析，并未综合全面地进行体系构建（王翠等，2009）。随后张林（2012）、王西（2013）、朱凯（2017）等对我国企业绩效评价体系进行了相关研究。但总体上，时至今日，一个理论上严谨，方法上全面、客观、一致，同时兼有内部和外部有效性的企业绩效评价体系还只是一个理想（沈洪涛、沈艺峰，2008）。

2. 企业为追求利润最大化是收入差距拉大的根本原因。我国企业为追求利润最大化，降低或变相降低职工工资，造成"利润侵蚀工资"的现实，是收入差距拉大的根本原因。这不利于激励员工提高生产效率，影响企业生产效率提高和社会财富增长。国资委将国企高管的薪酬与企业业绩挂钩，一方面，激励高管重视企业业绩，创造更多的利润，从而压低职工工资、降低人工成本；另一方面，导致高管与职工的薪酬差距逐步拉大，直接造成"利润侵蚀工资"和"工资侵蚀利润"同时存在。而激励效应主要来自分配公平，J. S. Adams（1965）认为人们感觉自己受到不公平待遇时，会变得紧张不安导致行为动机下降，工作效率下降，甚至出现逆反行为。因此要想激励员工的工作积极性，就必须缩小收入分配差距。Tae Yeol Kim（2013）研究表明，员工公平感的正向变化对员工工作满意度的影响程度大于负向变化所带来的影响。差距过大的问题在于，国民财富的增长不仅不能减少社会冲突，而且还会进一步激化社会冲突与社会危机。李子联（2017）的研究表明缩小收入分配差距，能够有效促进社会人力资本积累程度的提高，进而带来经济增长质量的提升。

基于以上分析，可以看出我国现行企业绩效评价指标体系只注重企业内部的经济绩效、漠视企业外部的社会效益，已不能适应中国企业社会发展的需要。以西方经济学理论为基础、以股东利益至上的企业经营目标和企业绩效评价的理论出发点已经不适合中国企业绩效评价的现有目标要求，不能与满足人民日益增长的物质文化需要和美好生活愿望目标相一致。

第三节 马克思价值分配理论与职工薪酬的双重属性

一、马克思价值分配的内涵界定

价值分配是指已经创造出来的价值的构成与流向，它属于价值运行论方面的问题。价值的分配是在一定的社会生产方式中进行，并把这个价值总体具体分解为若干项，由不同的分配主体获得。价值创造的主体与价值分配的主体可以存在不对称，但是参与价值创造的主体与参与价值分配的主体是对称的，价值分配实质是一种社会必要生产劳动时间和剩余生产劳动时间的分配。然而实践中，社会必要生产劳动时间和剩余生产劳动时间之间并没有绝对的界限，这就决定了活劳动创造的价值分配给职工的工资、国家税收和企业留利之间同样没有绝对的界限。价值分配总是与使用价值或产品的分配相伴而行的，因为价值总是要以使用价值为依附前提的，但并不是所有的使用价值的分配都表现为价值的分配，只有在商品或价值这个经济范畴的社会生产方式中才存在价值的分配。

二、根据劳动价值论，职工薪酬具有双重属性

马克思从物质生产部门劳动的角度考察古典资本主义社会价值创造与价值分配的统一，由此可以推出"人工费用具有二重性"。人工费用的二重性在于，它既是企业成本的重要构成内容，也是企业分配的重要部分，可以从成本构成和价值分配两个维度来全面核算、分析、管理和有效使用。从使用这个角度，企业中工资及福利报酬的提高虽然增加了企业的成本，但更重要的是能够激发职工工作的热情，而这种激励直接决定了职工的工作效率和对于生产成本的控制和节约；相反，对企业中工资及福利报酬的压低，虽然压低了企业成本，但也压制了职工的工作积极性、能动性和创造性，极端情况下会引起破坏性，会使企业的总体成本上升。因此"人工费用"在使用方面也具有两面性。

从会计核算角度，可以把"人工费用"——企业中的工资及福利报酬，当作"成本"来看待，也可以从企业分配的角度，把它看作企业劳动"新创造"的可以用来"分配"的部分，也就是被分配的部分，换一种说法就是把企业中的工资及福利报酬从成本项目转到企业待分配的成果项目中。基于此，人工费用也就有了双重属性。

第四节　将职工薪酬视作新价值创造内容的指标回顾

本节从"计天下利"角度论证并确定与薪酬激励相匹配的企业绩效指标——企业新创造价值，其内容包括：企业为股东创造的价值、职工为自己创造的价值、以税收形式为国家创造的价值和以利息形式为债权人创造的价值。目前企业数据资料中没有该指标值，需要借鉴海尔"人单酬表"和阿米巴"单位时间价值核算表"等的内部组织绩效核算办法，并参照拉卡（A. W. Rucker）"生产价值"、西欧增值表中"增值额"的计算方法，对构建的"计天下利"企业绩效指标进行计算。

职工薪酬的双重性质在于：它既是企业成本的重要构成内容，也是企业分配的重要部分，可以从成本构成和价值分配两个维度来全面核算、分析、管理和有效使用它。大多数情况下，人们是从会计的角度，把"人工费用"（企业中的工资及福利报酬）当作"成本"来看待；而从企业分配的角度也可以把它看作企业劳动"新创造"的可以用来"分配"的部分，也就是被分配的内容，是企业新创造价值而被分配的一部分，反映企业的价值创造内容和价值分配过程。

一、附加值指标的提出和发展

美国专家拉卡（A. W. Rucker）指出："生产价值（Production Value）是因为企业的生产活动所附加于原材料上增加的价值，他采用加法的方式计算，由总销售额减掉原材料费、动力费、消耗品费用后得到的附加值数值。"注意这里只减了费用，没减去折旧，这里的生产价值实际上就是附加值。拉卡是较早提出产品附加值是附加在原材料及劳动之上的价值的学者。

雷曼（M. R. Lehman）把附加值称为"创造价值"（Created Value），采取"加法"计算附加值，即附加值＝薪金＋津贴＋交易税＋营业税＋资本利息＋自由资金收益。简言之，雷曼定义的附加值＝工资＋利息＋税利这三部分之和。

日本竹山正宪认为附加值乃是在企业外部购进的价值上重新加上自己公司所创造的那部分价值。竹山正宪以减法的形式定义附加值：附加值等于销售额（或生产额）减去外部购进价值（非附加值）。它是拉卡和雷曼附加值定义的折中，表现在竹山正宪提出的"粗附加值"和"纯附加值"概念上，所谓"纯附加值"＝工资＋利息＋税利，这与雷曼附加值的定义是一致的，而"粗附加值"则在"纯附加值"的基础上加上折旧费用，就是拉卡的附加值定义。

美国管理学家杜拉克（P. F. Drucker）从市场营销学角度提出的"贡献价值"（ContributionValue）是被广泛采用的附加值概念。它是企业生产的产品或提供的服务所得之总额与由外部买进的原材料或服务的采购额之间的差值。杜拉克强调企业创造的附加值是企业对社会的一种贡献。

二、西欧的"增值表"和"增值额"

1975年，英格兰和威尔士"会计准则指导委员会"建议在上市公司年度报告中编制增值表，计算"增值额"，其计算公式为：

增值额＝销售收入－折旧费－外购劳务和商品

其后，荷兰、意大利、法国、德国、北欧及英联邦国家纷纷响应和先后效仿。增值表会在资本主义国家出现的原因，在于传统财务报表强调"股东至上主义"，利益相关者的利益受到不同程度漠视。增值表有利于反映资本投入各方的利益，便于工会等组织维护劳动者的利益。

三、拉克尔系数与薪酬适度性理论

拉克尔系数是西方国家确定员工薪酬适度性的指标。它通过以下公式计算：拉克尔系数＝员工薪酬÷企业的增值额。其中，增值额＝销售收入－外购商品和劳务－折旧费。拉克尔在分析了美国50年的有关统计资料之后发现，"工人工资"与"增值额"是两个极为相关的经济变量，39.395%是员工薪酬占企业增值额的最佳比例，是拉克尔系数的黄金值，在20世纪70年代用于评价员工薪酬适度性，如果员工薪酬比例低于39.395%，则出现"利润侵蚀工资"，即股东盘剥员工；相反，企业支付员工薪酬比例超过39.395%，则出现"工资侵蚀利润"现象，有损股东利益。

拉克尔系数难以测度我国企业职工薪酬的适度性。在我国的研究文献中使用的大多是修正的拉克尔系数。原因在于计算"拉克尔系数"首先要界定"增值额"，我国国内长期以来沿用的是以净利润额衡量工人工资带来的效益，而增值额的计算则与之略有差异，拉克尔的"增值额＝销售收入－外购商品和劳务－折旧费"，式中"外购商品和劳务"与"折旧"在我国财务资料中没有直接数据，这也是拉克尔系数之所以没有在我国普遍使用的重要原因。王灿等（2012）依据企业经济效益在国民收入初次分配中国家、企业、员工三者的分配关系（见图1－2），将企业效益具体地表述为"国家财政收入＋员工收益＋企业收益"，以此作为企业的增加额。进而，根据财务分析中利润表和现金流量表的相关指标，对拉克尔系数进行修正，得到拉克尔系数新的计算公式：修正后拉克尔系数＝应付职工薪酬÷增值额＝应付职工薪酬÷（息税前利润＋应付职工薪酬＋流转税）。

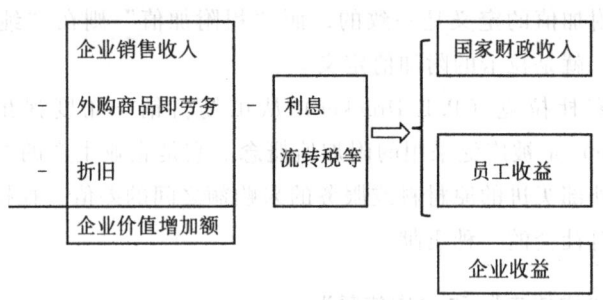

图1－2　国民收入初次分配中国家、企业、员工分配关系

刘晋科、干胜道、杨姗姗（2016）以2010—2013年我国高新技术产业上市公司作为样本，以修正的公式计算的拉克尔系数与瑞典同期的数据进行比较，从两国高新技术上市公司修正的拉克尔系数年平均来看，瑞典为84.46%，而中国是43.31%，同行业的员工分配有近两倍之差距，瑞典的员工劳动所得分配占比远高于我国。

瑞典经济发展高度和谐，同时在初次分配领域尽量保障全民受益。瑞典上市公司的人均薪酬波动不大，而且职员人数平均偏少，造成人均薪酬偏高。瑞典企业员工所得较高，但同时纳税也较重，政府获得二次分配的权力，从而造福全社会，全民共享经济发展之利，其经验值得借鉴。刘晋科、干胜道、杨姗姗（2016）将我国高新技术上市公司2010—2013年这4年修正的拉克尔系数平均数与瑞典同期进行比较，瑞典拉克尔系数为84.46%，4年期间基本维持在80%水平以上，先降后升略有波动，而中国拉克尔系数是43.31%。这说明我国高新技术上市公司修正的拉克尔系数在40%左右，略高于黄金比例，但远低于瑞典企业。中国的人均薪酬差距和瑞典相比仍是比较大的，但是我国的人均薪酬逐年攀升，表明与发达国家的差距不断缩小。这与方军雄（2011）提出的我国劳动收入比重上升且已初步具备业绩敏感性的观点相符合。

西方使用的拉克尔法则很难衡量我国企业员工的薪酬适度性，即我国不能按照拉克尔阈值来判断我国企业员工薪酬的高低。有行业的原因、地域差别的原因，还有企业性质的原因（就企业性质来讲，我国企业尤其是国有企业、集体企业等更应该遵守利益相关者原则，而不是股东利益至上原则）。

四、GDP 指标与企业对社会的贡献

国内生产总值（GDP）指在一定时期内，在一国领土上合法产出的所有最终产品和服务的市场价值的总和，它是衡量一国经济总量的主要指标。国内生产总值的三种表现形态表现为三种计算方法，即生产法、收入法和支出法。在中国的统计实践中，收入法计算GDP分为四项：国内生产总值＝劳动者报酬＋生产税净额＋固定资产折旧＋营业盈余。

现有会计指标中没有能够直接衡量企业新创造价值大小的指标，因此也就无法直接衡量各个企业实际制作的"蛋糕"的大小。目前企业并不计算这类指标，也就找不到各个企业有关这类指标的直接数值。

五、"计天下利"视角下企业绩效指标构建的企业实践

实践中已有一些企业把职工薪酬从成本范畴转列为新创造价值范畴（企业新创造价值及其激励的典型案例见附录）。

如日本京瓷的阿米巴通过"单位时间价值核算表"计算"单位时间附加价值"指标时，正式员工工资费用不再作为成本扣除，以此附加值进行绩效评价管理，让人才发挥出巨大潜能，最终达到了激励管理效果。

又如海尔的"人单酬"将人力资本高效地转化为有形的财务成果，是以员工为中心的绩效管理，可激发员工的工作积极性和创新力。

第五节 现有绩效指标缺陷与构建"计天下利"绩效指标的必要性

一、绩效效应现有研究存在的不足

（一）仅从股东利益角度来衡量企业绩效

鲁海帆（2006）曾指出，"与薪酬相关的企业绩效的可度量性以及度量指标的选取一直是激励研究的一个难题"。目前国内外研究中主要采用基于会计的、市场的以及相对业绩三种指标基础度量企业绩效，而这些指标均是从企业股东利益的角度来衡量企业业绩，仅代表企业为"股东"获利的能力强、股东资本市值高，再加上管理层利润操纵等，这些指标值高并不代表薪酬差距具有正向激励效应。薪酬激励的全部结果应该是企业新创造的价值总额，因此研究薪酬差距的绩效效应应该选取与之匹配的企业新创造的价值指标。

（二）对绩效效应"黑箱"的考察十分欠缺

近20年的研究结果显示，薪酬差距影响绩效研究的重点放在了绩效主效应和调节效应上，对绩效效应"黑箱"考察十分欠缺（张海燕和张正堂，2020）。现有文献分析股东利益与薪酬差距外在相关现象的较多：锦标赛理论研究以薪酬差距与股东利益正相关这一外在现象进行分析；社会比较理论研究仅提出较大的高管薪酬差距可能带来严重的社会分配不公问题；在内在机理研究方面，仅个别学者提出以零散的中介变量作中介效应分析。因此，前期对薪酬差距绩效效应的内在机理方面没有能够达成共识的研究结果。

综上所述，现有研究中的企业绩效指标虽未形成统一的标准，但都仅基于股东利益，由此导致绩效指标的界定范畴太窄，与薪酬激励的总体结果不匹配。针对薪酬差距绩效效应的机理，学者们虽然给出了一些调节变量和中介变量，但过于零散；前期对于薪酬差距如何提升或降低企业业绩的内在机理研究也并没有令人信服的研究结果。基于此，本书将从"计天下利"角度构建与薪酬激励相匹配的企业绩效衡量指标，并结合职工薪酬水平的变动，深入探讨薪酬差距对企业绩效的影响及其内在机理，为企业薪酬制度安排和国家宏观经济政策提供证据支持。

二、构建与薪酬激励相匹配的企业绩效指标的必要性

（一）拓展企业绩效的评价范围，打破单纯基于股东利益的思维限制，为绩效研究提供新的分析视角

企业运营成果不仅包括为股东创造的利润，还包括发放的职工工资、缴纳的税

金、支付的利息等，这是基于劳动价值论的企业职工新创造价值。超越单纯基于股东利益，增加企业为职工、国家和债权人所创造的利益，是从"计天下利"角度对企业绩效的衡量。

（二）构建与薪酬激励相匹配的企业绩效指标，为企业绩效管理提供支撑

基于"计天下利"构建的企业绩效指标与原 ROA、ROE 和托宾 Q 等相比，增加企业对相关利益主体所做贡献的评价，该企业绩效指标可与企业薪酬激励相匹配，为企业绩效管理提供支撑。

（三）为企业薪酬体系设计和国家限薪政策的制定提供借鉴

实证检验薪酬差距和薪酬水平对"计天下利"企业绩效指标的影响以及传导路径和作用机理，可对企业组织薪酬体系设计和国家限薪政策的制定提供经验数据支持。

第六节 基于人本管理的企业成本调整和"计天下利"绩效指标构建

一、理论基础

劳动价值论基础上的"人的根本观"为"企业成本"重新调整和对应的企业绩效评价指标——"新创造价值"构建提供了很好的理论基础。劳动价值论是马克思政治经济理论的逻辑起点。马克思指出，唯一与物化劳动相对立的是非物化劳动（活劳动），前者是过去的劳动，后者是现在的劳动；前者是价值，后者创造价值。价值概念不仅是研究收入分配的重要基础，也是衡量生产效率的有力工具。如果一个行业或企业的单位劳动价值量大于另外一个行业或企业，则前者每一单位劳动创造或形成的价值量大于后者，从而前者的生产效率大于后者（冯金华，2016）。劳动是一种具有创造性的活动，是生产中的核心和灵魂，对劳动主体的尊重和肯定，对当今中国发展和谐劳动关系、实现人民对美好生活的期待具有十分重要的指导作用（朱哲、何林，2019）。马克思强调，社会形态无论怎样，丰富的物质内容总是由使用价值构成，使用价值量增加，即是物质财富的增加。因此要增加社会财富，必然需要基于对劳动结果的评价，进而激励劳动积极性，提高劳动效率。

基于马克思劳动价值论构建兼具经济效益和社会效益的企业绩效评价指标必要且可行。绩效评价机制和薪酬支付办法，都是通过激励劳动者进行更多创造性劳动以达到提升公司经营目标的制度设计。未能协同处理好业绩评价机制和薪酬支付的关系，是很多企业激励制度成效差的重要原因。基于马克思劳动价值论的业绩评价体系能够较为科学、公平地评定劳动者的业绩，从而满足劳动者激励中的公平要素。因此，要激励劳动者更好地进行价值创造，就必须同时正确处理好劳动者的业绩评定与合理薪酬之间的关系。劳动者的劳动是企业价值得以提升的根本动力，劳动者的积极性、主动性和创新性成为企业实现经营目标的基本保证。推动劳动者进行更多创造性劳动已成为提升价值的关键。西方企业以利润最大化作为财务目标有其科学性，然而中国企业有自己的特殊性，尤其是国有企业、集体企业等公有制企业，其经营目标不仅仅是营利，重点应该落在承担社会责任上、为整个国家和社会做贡献上，只有立足中国现实，从马克思哲学思想中寻求解决方法，才能从根本上解决中国企业所面临的问题。因此，基于马克思劳动价值论去研究我国企业的新价值创造问题，即更广义上的绩效评价问题，更具有现实意义。

二、基于"人本管理"界定企业成本核算范围

从人的根本观角度来看待职工的话，就不能将企业的人工成本与其他物化成本一视同仁，既然人工成本是价值创造和价值分配的统一，人工成本具有二重性，那么不妨将职工薪酬（也就是人工费用）看作是企业新创造价值分配的一部分，而不是成本，从而企业成本核算的内容里就少了"职工薪酬"一项。也就是说基于"人的根本"观进行成本核算时，企业成本中就不包含"人工费用"一项，其可以被定义为"企业非人工耗费""企业可扣除费用"。在进行成本管理和控制时，由于人工成本不同于其他成本费用，因此也要采取不同于其他成本项目的管理方法来对人工费用进行管理，以更好地发挥它的激励效应。

三、基于"计天下利"构建"新创造价值"指标

我国现有文献中没有现成的基于马克思劳动价值论的企业绩效评价指标，并且基于马克思劳动价值论的企业绩效评价和分配体制与现有股东利益至上、利润最大化的财务目标的差异较大，涉及它们与现有指标间的界限划分和融合的问题，还要适合我国的企业特点，需要马克思理论基础进行详细阐释与分析。因此首先基于马克思的劳动价值论推导企业绩效衡量指标，探讨界定企业价值创造指标的理论范围，进而界定其基于财务报表数据进行核算的内容和范围，以及指标数值计量的公式和方法。

马克思的劳动价值论强调活劳动是价值创造的唯一源泉，产品的价值（W）由三个部分组成，即生产中消耗的生产资料的价值（C）、劳动者为自己所创造的价值（V）以及劳动者为社会创造的价值（M）。其中，只有C是转移的物化劳动的价值，其他两部分都是活劳动新创造的价值，也是最终推动社会财富增加的部分，所以在企业的评价指标中应该有专门评价这一问题的指标"企业新创造价值"，在企业绩效的评价体系里面应该包含这一指标。当然这一指标的内容不仅包含最后留在企业内部的价值，还包括分配给所有劳动者的劳动报酬部分、交给国家的税收部分、支付给债权人的利息和其他内容，而后几个部分恰恰是不能留在企业，是最终贡献给社会的部

分，也是企业为社会创造的财富中重要且比例较大的部分。因此，本书将首先基于马克思劳动价值论构建一个新的企业绩效评价指标，并界定该指标的理论核算内容为：

企业新创造价值 = 产品的价值（W）- 转移的物化劳动的价值（C）

从另一个角度来讲：

企业新创造价值 = 劳动者为自己创造价值（V）+ 劳动者为外部创造价值（M）

四、企业"新创造价值"指标的核算

本书借鉴美国管理学家杜拉克的"贡献价值"（Contribution Value）指标的计算方法和附加值的计算方法，进行基于"人的根本观"的"企业新创造价值"指标的计算。职工薪酬的多少并没有严格的界限，不同国家、地区、不同时期的单位时间人工成本是不同的，因此在企业成本管控中对人工成本的管控也应采取不同的措施。与这一管控措施相对应，在现行企业的成本中应该把人工成本独立出来，单独处理，由此就可以将企业的现行成本分为多个组成部分：物化成本、活劳动成本、税金、利息、折旧等，再根据企业营业收入与对应扣除成本的不同，就有只扣除"物化成本"的劳动者"新创造价值"指标和扣除全部成本的原财务指标"营业毛利"，如果再扣除税金和利息就是企业的税前利润和净利润指标。具体如下：

新创造价值 = 营业收入 - 物化成本
　　　　　 = 息税前利润 + 职工薪酬
　　　　　 = 职工薪酬 + 利息 + 税收 + 净利润

五、"新创造价值"的含义以及与 GDP 的关联

"新创造价值"是生产力发展、经济高质量发展、社会可持续发展的根本；提高"新创造价值"是一切商业模式、经济增长模式、经济发展模式的根本，是现代产业体系的灵魂。"新创造价值"是企业其他绩效增长的出发点和落脚点。只有企业有新创造的价值才有社会财富的增加、生产力的发展，而 GDP 则可以在企业没有新创造价值的情况下得到增长。企业新创造价值高低决定 GDP 含金量，GDP 含金量决定 GDP，人均 GDP 增长关联人民实际生活水平的提高。

"新创造价值"是与 GDP 的数值相关联的，根据前面 GDP 的概念和收入法计算公式不难看出，新创造价值加上资本回收数值，便形成 GDP 指标，具体计算公式如下：

GDP = 劳动者报酬 + 生产税净额 + 营业盈余 + 固定资产折旧
　　 = 新创造价值 + 折旧

第七节　基于"计天下利"构建企业绩效指标的意义

一、理论意义

（一）以"马克思劳动价值论"为基础对企业劳动创造的价值进行评价，相较于"股东利益至上"原则，更适合作为中国企业特别是国有企业的绩效评价

我国目前的企业绩效评价是基于"资本的逐利性"理论形成的"股东利益至上"原则，导致企业片面追求利润最大化，造成普通员工利益和周围环境等企业社会效益不同程度的牺牲，这不符合我国企业，尤其是国有企业设立的初衷。因此本书以马克思主义劳动价值论为出发点，探讨符合社会主义经济发展规律、与满足人民日益增长的物质文化需要和美好生活愿望目标相一致的企业绩效评价理论基础，以此建立既能够保护劳动者利益又能够促进社会财富增长的绩效评价指标。

（二）拓展了企业经营目标的评价范围，从企业自身经济效益向社会效益目标拓展

我国企业原有的绩效评价指标体系，仅评价了股东利益的增长和企业内部或企业自身价值的增加，没有从社会总体的角度去考核企业对于社会财富增长所做的贡献，对企业社会责任重视不够。马克思劳动价值论强调，活劳动是价值创造的唯一源泉，所以活劳动创造的价值总额，也就是由劳动者的活劳动创造的商品价值的增加额才是最终推动社会财富总量增加的部分，因此基于马克思劳动价值论去考核企业绩效，是从整个国家或社会的角度，将企业经营目标从"企业内部"扩展到"企业外部"。也就是说，企业经营目标不应仅是企业的经济效益目标，还应不断向社会效益目标拓展。

二、实践意义

（一）基于马克思劳动价值论构建兼具企业经济效益和社会效益的绩效评价指标

我国国家层面在企业绩效评价指标的构建上对企业社会责任重视不够，企业绩效评价主要侧重于企业内部财务指标，单纯强调实现利润和上缴利税，而忽视社会责任的考核，使企业以追求利润最大化为目标，造成普通员工利益和周围环境的牺牲。本书立足中国企业，发掘、提炼基于马克思劳动价值论构建企业成本和经营绩效的评价指标，并探讨新指标对我国企业经营效果的有效性，新指标既具有经济效益评价功能，又具有一定的社会效益评价功能。

（二）基于马克思劳动价值论的企业绩效评价指标，将引导和鼓励企业乐于承担社会责任，创造更多的社会财富

基于马克思劳动价值论，探讨重视广大劳动群众利益对于提高劳动效率的巨大作用。考查企业绩效评价与企业价值创造和社会财富增长的关系，即在社会主义企业的分配中充分考虑工人阶级和广大劳动群众的主力军作用，尽量缩小薪酬差距，以充分调动我国企业员工的工作热情和创新积极性，提高工作效率，从而鼓励企业乐于承担社会责任，创造更多的社会财富。

总之，基于马克思劳动价值论构建的企业"新创造价值"指标是比原财务指标更能够促进我国企业完善劳动者报酬分配机制、促进企业提高劳动效率创造更多社会财富，并由此完善适合我国企业绩效评价的指标体系。新指标与原有企业绩效评价指标可以形成互补关系，基于创造价值最优原则而不仅仅是股东利益至上原则去评价企业业绩，建立一套由企业经济效益指标向社会效益指标扩展的更加完善的绩效评价指标体系。可以引导、鼓励企业兼顾经济效益和社会效益，尽量多地创造价值以增加社会财富，满足人民群众日益增长的物质文化和美好生活需要，而不仅仅是为了股东利益而追逐利润。

参考文献

[1] 王世定."管理活动论"的哲学基础 [J].会计研究，1993（04）.

[2] 柯闻秀，黄健柏.人性假设：人力资源管理思想的哲学基础 [J].求索，2012（01）.

[3] 徐江峰.广西玉林市局（公司）：人本绩效管理激发员工善意 [N].东方烟草报，2018（12）.

[4] 张超，邹杭兵，朱卫东，刘桂玲.海尔互联网转型中的人本管理会计实践 [J].财会月刊，2018（12）.

[5] 牟钟鉴.中华文化是人本主义，西方文化是神本主义 [J].中国民族报，2017-01-17：（007）.

[6] 兰邦华.人本管理：以人为本的管理艺术 [M].广东经济出版社，2000.

[7] 李丹，张志恒.基于价值链的制造业企业管理探析——以海尔集团为例 [J].财会月刊，2017（17）：75—79.

[8] 苏洪林，肖传亮.新经济时代背景下民营企业人本管理文化构建的着力点 [J].当代经济，2019（01）.

[9] 康晓光.21世纪的管理核心——人本管理 [J].求是学刊，1998（04）：48—50.

[10] 关培兰.人本管理实现模式 [J].中国人力资源开发，2001（05）.

[11] 彭家钧.海尔财务信息化系统的构建与运行 [J].财务与会计，2015

(15): 18—20.

[12] 胡北苑,密松. 论西方管理理论中的人本管理因素及其现实影响 [J]. 经济师, 2001 (01): 74—75.

[13] 谢水明. 人本管理——泰勒科学管理的本质 [J]. 鲁行经院学报, 2002 (01): 26—28.

[14] 刘洪宾. 基于人本管理的企业薪酬体系设计研究 [D]. 西华大学, 2014.

[15] 张超,邹杭兵,朱卫东,刘桂玲. 海尔互联网转型中的人本管理会计实践 [J]. 财会月刊, 2018.

[16] 张瑞敏. 海尔的互联网转型探索 [J]. 冶金企业文化, 2016 (01): 43—44.

[17] 莱斯利·史蒂文森. 人性七论 [M]. 袁荣生,张葉生译, 商务印书馆, 1994: 5.

[18] 岳杨春. 管理哲学视角下的企业人本管理研究 [D], 2019 (05).

[19] 李支蕃. 论人本管理及其中国特色 [J]. 广东机械学院学报, 1996 (01): 90—95.

[20] 陈新夏. 人性与人的本质及人的发展 [J]. 哲学研究, 2010 (10).

[21] 岳杨春. 管理哲学视角下的企业人本管理研究 [D]. 河南财经政法大学, 2019.

[22] 苏洪林,肖传亮. 新经济时代背景下民营企业人本管理文化构建的着力点 [J]. 当代经济, 2019 (01): 124—125.

[23] 董春艳. 浅析人本管理在地勘企业人力资源管理中的运用 [J]. 人力资源开发, 2017 (19): 68—69.

[24] 马腾. 人本管理思想在现代企业管理中的应用研究 [J]. 中国国际财经(中英文), 2017 (12): 150—151.

[25] 吴景生. 人本管理思想在A企业薪酬管理中的应用研究 [D]. 河北地质大学, 2017.

[26] 郑赤建,刘君,李兰英. 我国基于人本管理的企业文化建设研究综述 [J]. 武汉商学院学报, 2017, 31 (01): 57—60.

[27] 芦丽莉. 儒家人本思想对现代企业人力资源管理的启示 [J]. 企业改革与管理, 2016 (19): 80—81.

[28] 于阳,李珺. 国内企业现代人本管理思想研究综述——从应用的角度 [J]. 中国管理信息化, 2018, v.21: 85—86.

[29] 张新新. 人力资本的价值管理——中国人力资源开发研究会2015年人本中国高峰论坛会议综述 [J]. 中国人力资源开发, 2015 (04): 6—10.

[30] 刘伟,熊志坚. 国内人本管理研究综述 [J]. 价值工程, 2007.

[31] 徐建龙. 企业人本管理思想综述 [J]. 哲学动态, 2000 (05): 13—15.

[32] 丁胜红，吴应宇. 基于人本经济发展观的管理会计理论体系与计量方法创新探讨 [J]. 会计研究，2019（01）：53—58.

[33] 张超，邹杭兵，朱卫东，刘桂玲. 海尔互联网转型中的人本管理会计实践 [J]. 财会月刊，2018（23）：81—87.

第二章

职工薪酬增长与企业成本节约

企业是社会经济发展的微观基础,而成本是决定企业状况的关键因素。企业有活力、能盈利,是经济持久发展的动力。党和政府下了很大功夫,为企业发展创造良好的政策环境,但由于种种原因,实体企业成本高的问题还是很突出。中央把"降成本"作为经济社会发展特别是结构性改革的五大任务之一,在供给侧改革中,"三去一降一补"是核心,降成本是重要环节。在企业产品竞争中最核心的竞争归根结底是成本的竞争,近几年越来越多的企业反映用工成本太高,国家也给出了降低社保缴费比例的政策支持,然而在企业内部,用工成本与其他成本项目相比是否真的高?或者说降低职工工资是否真的能够降低企业总成本?现行人工成本构成中哪些成本项目是需要降低的,哪些是合理的、无须也无潜力可降的,哪些成本项目是需要捋顺的,都是需要弄清楚的问题。

第一节 我国企业成本构成中的人工成本现状

一、人工成本在企业总成本中比重偏低

首先,从企业经营成本的总体构成中分析企业人工成本的比重及人工成本构成是否合理。我国四大电力集团(华能国际、华电国际、国电电力、大唐发电)2013—2016年各年的人工成本、税收支出与利息支出见表2-1。从表中可以看出,企业为职工支付的工资与福利的总和,平均只占企业总成本的7.13%,而税收占14.13%,利息支出占10.44%,其他68.25%。利息支出是人工成本的1.46倍;税收支出是人工成本的1.98倍,其他耗费是人工成本的9.57倍。四大发电集团的企业利息支出、税收支出都远远超过人工成本,相比较来讲,企业人工成本处于次要位置。因此,人工成本在企业总成本中比重偏低,企业成本结构严重失衡。面对如此情况,企业人工

成本是否还需要降低，值得进一步深入探讨。

表2-1　　　　四大电力集团营业总成本中人工、税收与利息支出比较

会计期间（年）	证券简称	营业总成本（亿元）	其中：工资福利（%）	其中：税费（%）	其中：财务费用（%）	其中：其他（%）
2013	华能国际	1163.30	5	12	6	76
2014	华能国际	1083.21	6	13	7	74
2015	华能国际	1075.80	7	16	7	70
2016	华能国际	1020.45	7	13	7	73
2013	华电国际	598.02	6	9	10	75
2014	华电国际	594.90	6	12	11	71
2015	华电国际	575.58	8	17	10	64
2016	华电国际	577.42	8	15	9	68
2013	国电电力	570.94	7	13	11	69
2014	国电电力	527.11	8	15	13	64
2015	国电电力	454.72	9	18	13	60
2016	国电电力	514.86	9	15	12	64
2013	大唐发电	683.83	6	13	12	69
2014	大唐发电	667.28	6	14	13	67
2015	大唐发电	579.33	8	17	14	62
2016	大唐发电	551.78	8	14	12	66
	平均	702.4081	7.13	14.13	10.44	68.25

数据来源：国泰安数据库。

二、人工成本在分配中的比例偏低

根据马克思的劳动二重性原理，人工成本的特殊性在于它既是企业成本的重要构成内容，也是企业分配的重要部分，因此还可以从企业价值分配维度来分析它的合理性。黄世忠（2016）从商业模式创新视角分析了公司价值创造问题，分别从微观和宏观视角进行，微观包括以股东利益为中心的利润和企业价值创造经济附加价值（EVA）。以股东利益为中心的利润指税后利润，即会计净利润，也就是微观企业利润表中的利润，等于"营业总收入－营业总成本（包括工资、利息、税收等）"，再

到宏观利润——企业的价值（财富）创造："价值创造＝工资＋利息＋税收＋利润"。

从五大发电集团（华能、大唐、华电、国电、电力）的财务报表可以分析出它们各自的价值分配情况，表2－2和表2－3分别是2012年和2013年五大发电集团价值分配情况表。从表2－2可以看出，企业创造的价值有30%以上、有时甚至40%以上给了金融机构，而企业的最直接利益相关者——职工的工资福利仅占20%多一点（2012年23.16%，2013年22.02%），所有者的税后利润占10%—15%（2012年9.73%；2013年15.12%），国家占30%左右（2012年28.73%；2013年30.60%），它们的分配比例均低于金融机构的利息收入（2012年38.40%；2013年32.51%），国家税收比例在绝大多数情况下低于企业利息支出，企业的最直接利益相关者——职工和所有者的所得更是大幅度低于利息支出。由此可见，从企业分配角度来看，企业人工成本在分配中的比例非常低。

表2－2　　　　　　2012年五大发电集团价值分配情况表

企业	价值创造		价值分配				
	收入总额（亿元）	成本总额（亿元）	价值总额	工资福利	利息支出	税收支出	税后利润
华能	2793	2007	786亿元	191亿元	275亿元	237亿元	83亿元
			100%	24%	35%	30%	11%
大唐	1892	1367	525亿元	104亿元	243亿元	142亿元	36亿元
			100%	20%	46%	27%	7%
华电	1851	1278	573亿元	122亿元	216亿元	155亿元	80亿元
			100%	21%	38%	27%	14%
国电	2325	1643	682亿元	154亿元	250亿元	199亿元	79亿元
			100%	23%	37%	29%	11%
电力	1799	1261	538亿元	148亿元	208亿元	159亿元	24亿元
			100%	28%	39%	30%	4%
合计	10660	7556	3104亿元	719亿元	1192亿元	892亿元	302亿元
			100%	23.16%	38.40%	28.73%	9.73%

数据来源：五大发电集团的财务报表。

表2－3　　　　　　2013年五大发电集团价值分配情况表

企业	价值创造		价值分配				
	收入总额（亿元）	成本总额（亿元）	价值总额	工资福利	利息支出	税收支出	税后利润
华能	2932	1970	962亿元	210亿元	274亿元	317亿元	161亿元
			100%	22%	28%	33%	17%

续表

企业	价值创造		价值分配				
	收入总额（亿元）	成本总额（亿元）	价值总额	工资福利	利息支出	税收支出	税后利润
大唐	1905	1297	608 亿元	112 亿元	235 亿元	187 亿元	74 亿元
			100%	18%	39%	31%	12%
华电	2001	1347	654 亿元	140 亿元	219 亿元	190 亿元	114 亿元
			100%	21%	33%	29%	17%
国电	2328	1548	780 亿元	175 亿元	246 亿元	235 亿元	124 亿元
			100%	22%	32%	30%	16%
电力	1901	1281	620 亿元	161 亿元	204 亿元	180 亿元	75 亿元
			100%	26%	33%	29%	12%
合计	11067	7443	3624 亿元	798 亿元	1178 亿元	1109 亿元	548 亿元
			100%	22.02%	32.51%	30.60%	15.12%

数据来源：五大发电集团的财务报表。

三、人工成本构成中社保缴费比例高

我国企业职工的社会保障资金由单位和员工个人共同缴纳，其中，养老保险由单位和个人分别缴纳个人工资的20%和8%；医疗保险由单位和个人分别缴纳约10%和2%；失业保险由单位和个人分别缴纳约2%和1%；生育保险只有单位缴纳约0.8%，个人不再缴费；工伤保险单位缴纳约2%，个人不缴费。五项保险缴纳的费用相加大约为个人工资的46%，其中，单位缴纳的费用约占职工工资的35%，个人缴纳的部分约为工资的11%（具体见表2-4、表2-5、表2-6）。这意味着社保费用中，绝大部分是由企业负担的。虽然不同地方的具体缴费比例有所区别，但社会保险资金的缴费比例普遍较高是不争的事实。国务院副总理马凯曾表示，中国养老保险缴费水平偏高。社会保险资金的缴费比例在全球181个国家中排名第一位，为G7国家的2.8倍、北欧五国的3倍、东亚邻国和地区的4.6倍。在全球社会保险费费率超过40%的12个国家中，11个在欧洲，另外1个就是中国。欧洲11个高费率国家对应的是高福利，而我国高费率对应的是低福利。社保费这种本质上极高的工资税对我国当前就业、投资和经济增长均带来严重的负面影响。

表 2-4　　　　　企业人工成本构成（未加入住房公积金）

养老保险		医疗保险		失业保险		生育保险	工伤保险	合计	
个人	单位	个人	单位	个人	单位	单位	单位	个人	单位
8%	20%	2%	10%	1%	2%	0.80%	2%	11%	34.800%
职工个人账户剩余		单位贴补		企业人工成本是实际发放职工工资的倍数		职工实发工资占企业人工成本比重		职工实际所得薪酬	
89%		34.80%		1.515		66%		企业人工成本÷1.515	

注：企业支付给职工以及为职工支付的工资的构成比例以职工应发工资为基数。

表 2-5　　　　　企业人工成本构成（加入住房公积金[①]）

养老保险		医疗保险		失业保险		生育保险	工伤保险	住房公积金	
个人	单位	个人	单位	个人	单位	单位	单位	个人	单位
8%	20%	2%	10%	1%	2%	0.80%	2%	8%	8%
合计		职工个人账户剩余		单位贴补		实际人工成本是实际发放职工工资的倍数		职工实际所得薪酬	
个人 19%	单位 42.8%	81.00%		0.428		1.7629（57%）		企业人工成本÷1.7629	

注：①住房公积金的缴费基数是员工上一年度的月平均工资，这个缴费基数不得低于上年度当地社会平均工资的60%，不得高于300%。缴纳的比例是5%—12%，用人单位可在这个范围内自行决定，最常见的是8%。用人单位和个人按1:1的比例等额供款，也就是说个人缴纳多少，用人单位也缴纳多少。此外，用人单位还可根据自愿原则为员工缴纳补充公积金，补充公积金不用个人缴纳，全部由用人单位缴纳。（1）住房公积金缴存比例种类：机关及事业单位的缴存比例为12%；外商、港澳台商企业为10%—12%；企业化管理的事业单位及其他企业缴存比例为8%—12%。（2）计算方式：①职工住房公积金的月缴存额为职工本人上一年度月平均工资乘以职工住房公积金缴存比例；②单位为职工缴存的住房公积金的月缴存额为职工本人上一年度月平均工资乘以单位住房公积金缴存比例。

表 2-6　　企业人工成本构成（加入工会经费2%，职工教育经费按1.5%）

养老保险		医疗保险		失业保险		生育保险	工伤保险	工会经费	职工教育经费
个人	单位	个人	单位	个人	单位	单位	单位	单位	单位
8%	20%	2%	10%	1%	2%	0.80%	2%	2%	1.50%
合计		职工个人账户剩余		单位贴补		实际人工是实际发放给职工工资倍数		职工实际所得薪酬	
个人 13%	单位 38.3%	87.00%		0.383		1.589655172（63%）		企业人工成本÷1.59	

较高的社会保障缴费提高了企业人工总成本水平。目前，我国社会保障"五险

一金"的缴费制度推高了企业人工总成本在企业运营成本中的比重。在我国连续20年财政收入高速增长的情况下，过高的社会保险费费率对员工薪酬收入、企业盈利和资本公积积累的挤压都在不断加深。

第二节 人工成本与薪酬激励

一、马克思的劳动价值论与职工薪酬的双重属性

人工成本的特殊性，在于它既是企业成本的重要构成内容，也是企业分配的重要部分。在企业成本中，人工成本是不可或缺的一部分，马克思的劳动二重性原理，阐述了人工成本的特殊性在于它既是企业成本的重要构成内容，也是企业分配的重要部分，因此分析企业人工成本可以从成本构成和价值分配两个维度来全面分析它的合理性。企业增加人工成本，另一个方面表现为企业中的职工工资及福利报酬的提高，即职工薪酬的提高。职工薪酬的提高能够激发职工的工作热情，而这种激励直接决定了职工的工作效率和对于生产成本的控制和节约，因此"人工成本"作为分配的一面即为"职工薪酬"，具有双重性质。相反，对企业中的工资及福利报酬的压低，压低了企业人工成本，但更压制了职工的工作积极性、能动性和创造性，极端情况下会引起破坏性。

（一）马克思劳动价值论关于价值创造和价值分配的内涵界定

价值创造是指价值的生产，它涉及价值的本质、来源和归属问题，通常称为价值本体论。马克思认为价值主要是由物质生产部门的活劳动创造的。马克思通过劳动二重性原理建立了劳动价值论，指出创造财富的生产力是各种要素的综合力，各种要素共同构成财富创造的条件，而价值创造中的实体和源泉只是人类劳动。

按照马克思的劳动价值论，价值分配实质上是社会必要生产劳动时间和剩余生产劳动时间的分配，然而事实上，社会必要生产劳动时间和剩余生产劳动时间之间的界限并不清晰，并不绝对，也就是没有标准的、绝对的界限，这就决定了活劳动创造的价值分配给职工的工资、国家税收和企业留利之间同样没有绝对的界限。因此，企业职工薪酬作为企业分配的一项重要内容，在企业分配中的比重如何就是一个值得深入思考的问题。价值分配总是与使用价值或产品的分配相伴而行的，因为价值总是要以使用价值为依附前提的。但并不是所有的使用价值的分配都表现为价值的分配，只有在商品或价值这个经济范畴的社会生产方式中才存在价值的分配。

价值分配实质是一种社会必要生产劳动时间和剩余生产劳动时间的分配，然而社会必要生产劳动时间和剩余生产劳动时间之间并没有绝对的界限，这就决定了活劳动创造的价值分配给职工的工资、国家税收和企业留利之间同样没有绝对的界限。价值分配总是与使用价值或产品的分配相伴而行的，因为价值总是要以使用价值为依附前提的，但并不是所有的使用价值的分配都表现为价值的分配，只有在商品或价值这个经济范畴的社会生产方式中才存在价值的分配。

（二）职工薪酬是价值创造与价值分配的统一

马克思劳动价值论的科学性，首先体现在其理论假设前提的科学性上，即把价值定义为凝结在商品中的无差别的人类劳动。这一假设前提暗含了人类劳动是价值的唯一源泉，符合人类社会的主体性特征，从而把生产力与生产关系、价值创造与价值分配有机联系起来。其次是用社会必要劳动时间度量价值量。从社会必要劳动时间与价值量的关系可以推演出社会劳动生产力、个人劳动生产力与价值量的关系，从而把价值创造与价值分配有机统一起来。

马克思从物质生产部门劳动的角度考察古典资本主义社会价值创造与价值分配的统一，由此可以推出"人工成本具有二重性"。人工成本的特殊性在于，它既是企业成本的重要构成内容，也是企业分配的重要部分，可以从成本构成和价值分配两个维度来全面分析它的合理性。

二、职工薪酬的激励作用

马克思从物质生产部门劳动的角度考察职工薪酬社会价值创造与价值分配的统一，由此可以推出"人工成本具有双重性质"。正是由于职工薪酬的双重性质，决定了企业既要控制人工成本又要灵活地运用好职工薪酬的激励性能，发挥薪酬的激励效应。薪酬激励与人工成本就是一对矛盾的统一体，人工成本确实需要控制，是刚性的，而薪酬激励则是弹性的，这二者之间如何权衡正是管理的艺术所在，也就决定了人工成本的高低存在一个合理的、需要优化的区间。[1]

三、职工薪酬对企业成本的影响路径

人工成本（职工薪酬）对企业成本的影响路径见图2-1，本部分主要对企业高管和员工的薪酬水平对企业成本的影响进行探讨。

---

[1] 事实上，人工成本包含的不仅仅是薪酬，但由于薪酬是人工成本中最重要的一部分，所以这里暂不考虑二者的差异。

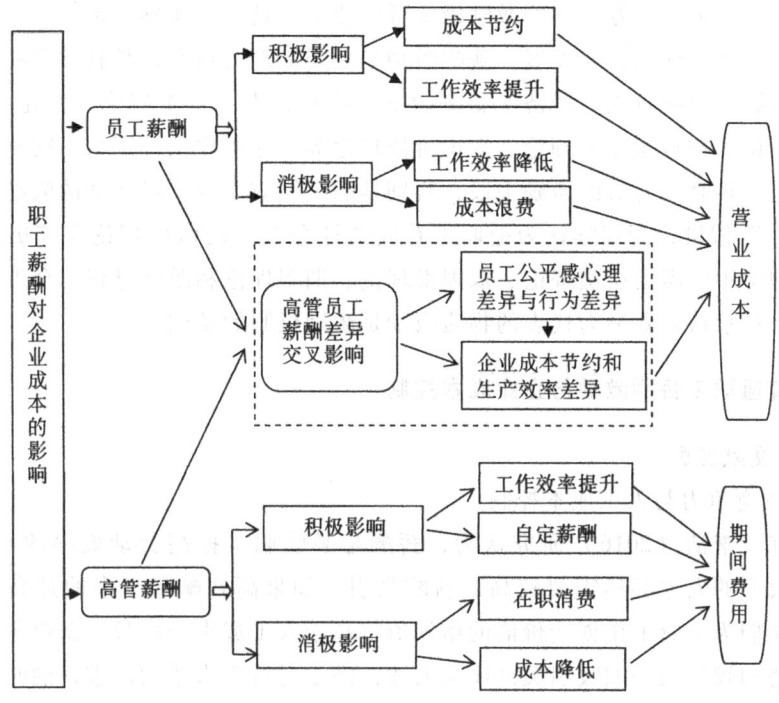

图 2-1 职工薪酬（人工成本）对企业成本的影响路径图

第三节 文献回顾与假设提出

随着人力资源管理理论的发展，学者们对"薪酬"的认识逐渐发生了变化。薪酬不再仅仅是对员工付出的回报，而成为激励的一种手段。所谓激励，简单来讲就是通过一定的方式，充分调动人们的工作积极性，把他们的潜能充分地发挥出来。从企业治理的角度来说，管理者激励员工，就是要激发员工的潜力并鼓励他们朝着企业所期望的目标，最大限度地表现出主动积极的、符合要求的工作行为。激励是一种能够起到推动和促进作用、在某种程度上发挥行为导向作用的精神力量。在企业里，激励的目的就是为了激发各个岗位职工的工作热情、调动员工的工作积极性和创造性，以促进企业盈利目标的实现。行为科学理论认为"绩效＝能力＋动机激发程度"。一个人的能力在短时间内是很难有大的改变的，因此给予一个人激励程度的高低就成为一个人工作成绩大小的主要决定因素。也就是说，能力是基础，激励是激发客体积极性、主动性的最为重要的主动力。

薪酬激励是企业激励中最重要、最有效的激励手段，因此职工薪酬就不仅仅是成本，而是重要的激励工具。职工薪酬激励的主要目的之一，是提高职工工作积极性，从而提高工作效率，增加企业获利能力，促进企业发展。同时，企业较高的薪酬对优秀人才具有吸引力，较好的薪酬激励措施可以让员工具有归属感，留住核心员工并高效开展工作，从而促进企业发展。薪酬激励是公司治理的核心，是管理学和经济学重点研究的问题。影响较大的经济学薪酬激励理论有：人力资本理论、委托代理理论、分享经济理论、按贡献分配理论、知识价值理论等。这些理论分别从不同侧面说明了职工薪酬是一种直接有效的激励手段，特别是职工绩效工资。经济学的激励理论多基于"理性人"假设，管理学认为把职工看成"社会人"的激励理论应该更具有现实意义。管理学中的需要层次理论、双因素理论、期望理论和激励过程综合理论等激励相关理论，都承认以薪酬为代表的物质激励是激励机制的基础。

一、普通职工薪酬激励与企业成本控制

(一) 文献回顾

1. 薪酬竞争力与人工成本控制

张燕红、李洁（2016）研究认为，薪酬是激励职工提高劳动效率的有力杠杆，高质量高效率的人才必然需要较高的薪酬吸引，如果高薪酬吸引来的是高效率的员工，那么他们为企业工作创造价值的增加值将高于人工成本的增长。企业尤其需要以优厚的待遇和较高的薪酬吸引关键岗位人才，满足对特殊人才的需求，同时促进他们积极地为企业工作并充分发挥他们的创造性，为企业进行开拓性的工作。来彦荣、杨睿娟（2007）的研究表明，低薪酬不利于企业在劳动力市场上吸引优秀人才，也不利于企业保留和激励优秀员工。因此，对于人工成本的优化管理，绝对不是简单地降低人工成本的绝对支出水平。总之，人工成本和职工薪酬水平一个关系企业发展，一个牵动员工利益，所以，一定要处理好职工薪酬水平和人工成本之间的关系，关注人工成本支出的有效性，兼顾职工薪酬在劳动力市场上的竞争力和控制人工成本增加企业产品在市场上的竞争力。

2. 普通职工工资对企业绩效影响的研究回顾

现有文献在普通职工薪酬的研究大多集中在劳动生产率以及员工工作满意度方面。有关普通职工薪酬对企业绩效影响的文献主要体现在以下两个方面。

一是企业全部职工薪酬与企业绩效。伍晓奕、汪纯孝和谢礼珊（2006）认为，只有企业员工对自己的薪酬和福利感到满意时，才会愿意付出更多的努力回报企业，进而促进企业绩效提高。陈冬华（2012）基于中国上市公司数据进行的研究表明，职工薪酬对企业会计业绩有正面影响，企业职工薪酬增长与企业未来会计业绩增长有着明显的正相关关系。

二是企业普通员工薪酬与企业绩效。关于企业员工薪酬与企业绩效关系的研究，鲁小东等（2012）以我国上市公司2001—2009年的数据为样本，研究了企业成长性与普通职工薪酬成长性之间的关系，发现普通职工薪酬与公司成长性是同方向变化的。董斌、曲蓬（2014）以非金融A股公司2000—2011年数据为样本进行研究，发现普通职工薪酬与公司经营业绩存在显著的正相关关系。陈琛、冉秋红（2015）选取611家制造业上市公司2009—2013年的数据为研究对象进行相关检验，结论与董斌一致，普通员工薪酬的提高能够显著增强员工的工作积极性，提高其工作效率，从而提升企业绩效。张燕红、李洁（2016）通过运用2014年沪深A股上市公司数据，证明普通职工薪酬对企业绩效有正向影响，即提高企业普通员工的工资能很好地调动企业普通员工的工作积极性，提高劳动效率，从而提高企业整体绩效。

3. 高报酬才能招到高素质的人才，才能减少人才流失

择优而聘是企业进行人才招聘的原则之一。同样员工也会选择对自己最有利的企业，工资水平是其中最重要的因素之一。当员工获得企业支付的相对较高的工资时，员工不仅工作积极性会增强，其工作态度也会改变，从而工作效率会提高，这就是效率工作理论。支付员工高工资提高员工的工作效率是一个方面，最重要的是可以减少公司的人才流失，从而企业不仅能够节约重新招聘员工的时间成本，还可以节约培养新员工所花的潜在成本，最重要的是可以增强员工的归属感，从而有利于企业绩效的提高。综合以上分析，企业向职工发放高薪酬能够促使员工高效率工作，从而使企业绩效得到提升。

（二）假设提出

根据以上分析可知：（1）国内已有员工薪酬适度性的文献研究表明，"拉克尔法则"不能判断我国上市公司员工薪酬是否适度。我国职工薪酬的"拉克尔阈值"应该与西方国家不同，并且我国大多数普通职工的薪酬，还没有达到我国企业该有的"拉克尔阈值"，还具有上升空间，职工生活水平还有待提高。（2）普通职工工资研究极具重要性，但现在很少有人研究。大量的文献集中于企业经理人薪酬激励方面的研究，将研究视角单独定位于企业普通员工薪酬影响的文献很少，且只是研究了企业职工薪酬对于企业绩效的影响，而在普通员工对企业成本耗费方面还没有相关文献。普通员工数量占企业员工总数的绝大部分，普遍收入不高并且没有期权激励，因而企业普通员工对于薪酬的多少更具有敏感性，对于大多数企业来讲，普通员工能够对企业产生影响的应该是企业的成本耗费，因此普通员工的薪酬激励对于企业成本的影响应该更有研究意义。

由此本章从另外一个角度来检验提高和降低人工成本哪一个更有利于经营成本的控制（生产效率提高和创造价值增加），换一种方式来探讨我国目前企业的员工薪酬究竟是高还是低，从而确定是应该提高普通职工薪酬水平还是应该降低人工成本。具体从员工薪酬高低与企业成本控制角度进行。

基于以上分析，提出以下研究假设：

假设1：普通职工薪酬越高，越有利于企业成本控制；

假设1a：普通职工薪酬越高，越有利于企业价值创造；

假设1b：普通职工薪酬越高，越有利于企业资产报酬率ROA的提高。

二、高管薪酬激励与企业成本控制

树友林和王波（2012）指出，高管薪酬激励的主要目的在于解决委托代理问题，以促进管理者与股东的利益趋同，降低代理成本。但是，高管薪酬激励可能产生两种效果：一是产生正面激励效应，即高管薪酬的提高能够促进管理者努力工作，公司业绩得以提升，与最优契约理论预期一致；二是可能由于不合理的高管薪酬激励产生负面效果，高管不惜牺牲股东利益为自己谋私，例如高管通过权力影响甚至自定薪酬而获得期望报酬，或通过盈余管理维持企业原有的业绩水平，或者进行过度的在职消费等。薪酬激励对高管行为的影响路径如图2-2所示。

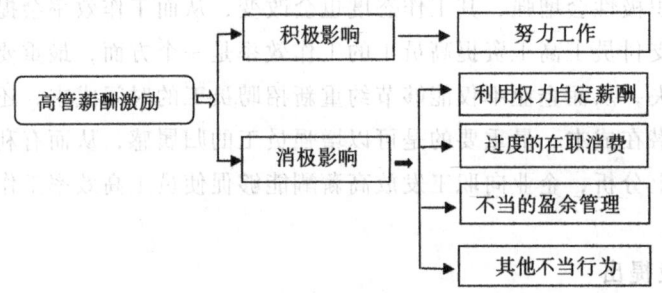

图2-2 薪酬激励对高管行为的影响路径

现有文献大多以委托代理理论和人力资本理论为基础，较多地研究了高管薪酬的决定与业绩报酬的敏感性两个方面的内容。

（一）基于高管权力视角的薪酬激励研究

在这一领域，Bebchuk等于2002年首先提出薪酬契约管理层权力假说，认为企业高管拥有的管理层权力会随着时间逐渐扩大，最终直到可以自定薪酬。高管权力越大，自定薪酬的能力就越强，从而影响公司内部薪酬差距的大小。目前管理层权力假说已获得不少文献研究的支持，管理层完全有动机并且有能力影响自己的薪酬，企业管理层权力越大，越会拉大高管与职工之间的薪酬差距。Bebchuk和Fried（2003）的研究认为，当经理人的权力足够大时，经理人会在很大程度上影响或者决定高管层的薪酬。Jensen和Murphy（2004）的研究表明，在实践中由于经理人与董事会的信息不对称，高管会掌握更详细更充分的信息、更好的业务专长和充足的时间，高管的薪酬只是由董事会表决，从而产生代理问题。

我国对管理层权力的研究起步较晚。吴育辉和吴世农（2010）发现非国企高管更容易利用对公司的掌控权来提高自己的薪酬水平。企业的高管薪酬会基于行业的平均薪酬基准自动调整（黎文靖、岑永嗣和胡玉明，2014）。卢锐、魏明海和黎文靖（2008）指出，在薪酬契约的制定过程中，存在利用管理者权力操纵自身薪酬契约制定。国企高管在企业拥有的权威，容易产生和执行不对等的职工薪酬契约（张军和王祺，2004；方军雄，2011）。尤其在高管权力大的国企中，当高管利用管理层权力为自身利益服务并影响薪酬制定时，很可能表现为高管自身薪酬的提升幅度远大于职工薪酬的提升幅度，从而造成薪酬差距扩大的同时企业人工成本的总体水平处于可控状态（权小锋、吴世农和文芳，2012）。

方军雄（2009，2011）的研究表明，管理层权力能够导致非对称的高管薪酬业绩敏感性，具体表现为企业业绩下降时的高管薪酬降幅低于企业业绩上升时的高管薪酬增幅。同时，在企业业绩上升时，管理者的薪酬提升幅度大于普通员工，但是在企业业绩下降时，管理者的薪酬降低幅度没有显著低于普通员工，因此，由于管理层权力的影响，致使我国企业存在"薪酬尺蠖效应"，导致高管与职工薪酬差距不断扩大。黎文靖和胡玉明（2012）的研究表明，管理层权力与薪酬差距存在显著的正相关关系，在一定程度上反映了过大的薪酬差距体现管理层的权力。因此，在考察企业薪酬差距来源时，应该重点关注管理层权力影响薪酬制度设计这个因素。权小锋等（2010）的研究发现，在高管权力大的国企中，当高管利用管理层权力为自身利益服务并影响薪酬制定时，很可能表现为高管自身薪酬的提升幅度较大，而职工薪酬的提升幅度相对较小，从而造成薪酬差距扩大的同时企业人工成本的总体水平处于可控状态。

进一步考察企业内部薪酬差距的来源及成因，理解高管高报酬的来源。在职工薪酬具有刚性的情况下，如果企业高管层薪酬的提升幅度大于企业给予普通员工的薪酬提升幅度，使高者更高，必然带来企业内部薪酬差距的拉大。最终在企业总体控制人工成本的情况下，薪酬制度设计必然受到企业职工薪酬总额的影响，提高高管薪酬也必然会影响普通职工薪酬的给付或者提升。由此推导，高管薪酬的提升，使内部薪酬差距加大，必然会挤占普通职工的薪酬，从而造成普通职工的报酬损失。也就是说基于管理层权力假说的薪酬契约设计，必然使高管与职工的劳动报酬不能同步增长。

（二）基于在职消费视角的薪酬激励研究

效率观和代理观是国内外学者研究在职消费的两类观点。效率观强调在职消费的积极效应，认为管理层的在职消费是为了提高工作效率，是管理者的自我激励行为和正常开展工作的需要，因此具备一定的合理性。Rosen（2000）、Rajan 和 Wulf（2006）、Marino 和 Ján Zábojník（2008）、姜付秀等（2009）、陈冬华和梁上坤（2010）的研究结果支持效率观。

代理观则认为，在职消费是增加代理成本的一种方式，是管理层侵占企业资源的表现，从而造成企业实际经济效果的下降。Grossman 和 Hart（1980）、Jensen 和 Meckling（1976）、Jensen（1986）以及 Yermack（2006）等的研究都支持这种高管在职消费的代理观，认为在职消费是高管实施利益侵占的隐蔽途径，是高管侵吞企业剩余利益的途径。

国内的在职消费研究大多围绕国有企业特殊的制度背景进行。陈冬华、陈信元和万华林（2005）的研究表明，在职消费导致薪酬激励的效果减弱；卢锐、魏明海和黎文靖（2008）的研究表明，高管会使用权力影响进行过度职务消费，进而减弱薪酬激励效果。傅颀和汪祥耀（2013）、谢获宝和惠丽丽（2015）的研究证明，高管在职消费作为一种私人收益，意味着其财务成本超过其带来的效率收益，因此在职消费增加代理成本。

国外研究在职消费多是采用调查数据，而国内的研究几乎都使用管理费用中的相关项目值来替代，我国上市公司信息披露中未强制对在职数据信息的披露，在职消费数据大多属于企业管理费用。因此提出以下假设：

假设2：高管薪酬激励并不利于企业期间费用的节约。

三、内部薪酬差距与企业成本控制

以前的文献对于薪酬差距的研究主要集中在薪酬差距与企业业绩关系方面，国外已有文献主要从锦标赛理论与行为理论两个竞争性的理论去解释，而关于薪酬差距对于企业成本的研究很少有人涉及。本章基于企业成本视角探索薪酬差距对企业成本的影响。具体文献回顾和假设如下：

（一）薪酬分配的公平感与激励效应的国外研究

J. S. Adams（1965）提出公平理论，认为员工收入对员工工作积极性的激励作用主要来自对收入分配的公平感，即员工对于自己和参照对象的收入支出比的主观比较，感觉公平比个人的收入支出比更密切。因为人们在关心自己得失的同时，往往还会关心他人的得失，将他人的得失与自己的报酬相比较，从而衡量自己所得的报酬是否公平。当感知受到的待遇不公平时，会导致人们行为动机和工作效率的下降，甚至出现逆反行为。因此要激励员工的工作积极性，就必须缩小收入分配差距，尽量让职工感知分配公平。调查和实验均表明，不公平感主要来自经过比较认为自己收入过低，但是，经过比较认为自己收入过高时很少会产生不公平感。前景理论（Kahneman，1979）同样认为，大多数人对得失的判断往往根据参照点决定。Knack和Keefer（1997）研究发现，社会资本越高的国家，其收入水平也越高，分配也更平均。Sefa Hayiborl（2015）的研究表明，人们的公平敏感度能够缓和他对公司公平或者不公平的反应，也直接影响他对公司的反对或者支持的倾向。Tae Yeol Kim、Xiao Wan Lin和Kwok Leung（2013）的研究表明，员工工作满意度与公平感变化显著相关；在对员工工作满意度的影响程度上，员工公平感的正向变化大于负向变化。

（二）集体主义和平均主义对我国社会各方面影响颇深

黎文靖（2012）指出，虽然大部分关于企业内部薪酬差距与企业会计业绩的实证研究结果支持锦标赛理论，但这与我国传统文化中强调集体主义、平均主义的社会共识存在矛盾。在我国文化中占据主流地位的儒家思想支持等级制下的"均平"，即民众生活和财富的大致平等。孔子说"不患寡而患不均""均无贫"。刘清阳（1995）

指出，要求实现平均平等社会是我国古代农民起义的核心思想，历代农民起义均体现平均平等思潮，体现了社会民众对"公平""平均""平等"的追求。在这样的历史文化传统背景下，社会比较理论在我国企业中应该更具有解释力。Kim等（2007）的研究发现，中国员工相较于其他国家对收入分配的公平性更加关注，并且只有在他们认为分配公平的情况下，工作的满意度才较高。贺伟、龙立荣（2011）发现部门内的工资攀比对工资满意度有正向影响，支持社会比较理论。

分配公平的评判标准和要求在不同国家有所不同，员工对工作的投入和对工作的满意度，一方面受公平感的影响，另一方面受他们对公平感心理变化的影响。李子联（2017）的研究表明，缩小收入分配差距的公平分配制度，能够有效促进社会人力资本积累程度的提高，进而带来经济增长质量的提升。因此在我国企业中拉大的薪酬差距只能让人们感知受到不公平待遇，导致工作效率下降，职工消极工作的结果只能造成工作效率降低、成本消耗的浪费和企业成本水平的提高。综合以上分析提出假设如下：

假设3：薪酬差距扩大不利于企业成本控制；

假设3a：薪酬差距越大越不利于企业期间费用控制；

假设3b：薪酬差距越大越不利于企业营业成本控制。

第四节　变量的选择计量与研究模型

一、变量的选择与计量

（一）主变量的选择与计量

1. OCR（Operating Cost Rate）：成本费用率（或称为营业收入成本率）是衡量企业收入成本耗费水平的指标之一。该指标值越低，说明企业获得收入的能力越强，成本控制越好；否则相反。成本费用率的计算公式如下：

（1）$成本费用率 = \dfrac{成本费用总额（营业成本、期间费用）}{营业收入} \times 100\%$

反映企业每一元的收入耗费的成本。分别用以下两个指标衡量：

$营业收入成本率 = \dfrac{营业成本}{营业收入}$

$总营业收入成本率（Total\ Operating\ Cost\ Ratio，TOCR） = \dfrac{营业总成本}{营业总收入}$

（2）NTOCR：$营业收入物化成本率 = \dfrac{物化成本}{营业总收入}$

物化成本 = 营业成本 − 员工薪酬

(3) NCCR：物化成本比率 = $\dfrac{\text{物化成本}}{\text{营业总成本}}$

(4) PeriER：期间费用率（Period Cost Rate）= $\dfrac{\text{期间费用}}{\text{营业总成本}}$

具体可以细分为：

管理费用比率（Management Expense Ratio，MER）= $\dfrac{\text{管理费用}}{\text{营业总成本}}$

销售费用比率（Sales Expense Ratio，SER）= $\dfrac{\text{销售费用}}{\text{营业总成本}}$

财务费用比率（Financial Expense Ratio，FER）= $\dfrac{\text{财务费用}}{\text{营业总成本}}$

具体计算公式如下：

PeriER：期间费用率 = $\dfrac{\text{管理费用}+\text{销售费用}+\text{财务费用}}{\text{营业总成本}}$

MER：管理费用率 = $\dfrac{\text{管理费用}}{\text{营业总成本}}$

SER：销售费用率 = $\dfrac{\text{销售费用}}{\text{营业总成本}}$

FER：财务费用率 = $\dfrac{\text{财务费用}}{\text{营业总成本}}$

2. ROA：总资产回报率，又称资产收益率，用来衡量单位资产的净利润创造能力。

3. VC：企业劳动新创造价值。

企业劳动新创造的价值（财富）= 息税前利润 + 工资 + 流转税 = 工资 + 利息 + 税收 + 利润

依据马克思劳动价值论——活劳动是价值创造的唯一源泉，因此工人的工资和剩余价值部分都应该是劳动者的劳动创造的。因此企业创造的价值即是企业的增值部分，这与拉克尔系数计算公式中的企业增值额是同一个含义，即：

增值额 = 销售收入 - 外购商品和劳务 - 折旧费

借鉴王灿等（2012）"修正后增值额 = 息税前利润（EBIT）+ 应付职工薪酬 + 流转税"的做法，本章企业价值创造的计算公式为：

企业劳动新创造价值 = 企业运营增值额 = 工资 + 利息 + 税收 + 利润 = 应支付给员工以及为员工支付的现金 + 财务费用 + 应支付各项税费 + 净利润

应支付给员工以及为员工支付的现金 = 现金流量表中本年度"支付给员工的以及为员工支付的现金" +（应付职工薪酬账户期末余额 - 期初余额）

应支付的各项税费 = 现金流量表中本年度"支付的各项税费" +（应付税金账户期末余额 - 期初余额）

具体采用以下几个指标来衡量：

TVC：新创造价值总额 = ln（工资 + 利息 + 税收 + 利润） = ln 价值创造

$$PLVC = 人均价值创造 = \frac{工资 + 利息 + 税收 + 利润}{平均职工人数}$$

PAVC：单位资产价值产出率，平均每单位资产创造的价值

$$= \frac{工资 + 利息 + 税收 + 利润}{企业总资产} = \frac{价值创造}{总资产}$$

4. AC：人工成本（Artificial Cost）。人工成本是企业成本的主要构成内容，包括货币性薪酬和非货币性薪酬等内容。但由于我国企业职工薪酬中非货币性薪酬所占比例相对较少，所以本章及后面的研究中只选取货币性薪酬来衡量人工成本。

（1）AC：企业人工总成本（或者 Epay：职工薪酬总额）= 全年应该支付给员工以及为员工支付的现金 = 支付给员工以及为员工支付的薪酬 +（应付员工薪酬账户期末余额 – 期初余额），回归模型中取自然对数进行标准化。

（2）PEPay：人均人工成本等于人均员工薪酬，计算公式为：

$$PEPay = \frac{全年应该支付给员工以及为员工支付的现金}{领取薪酬的平均在职员工人数}$$

回归模型中取自然对数进行标准化。

这一指标，显示本企业员工平均收入报酬的高低。

（3）TRAC：人工成本在总成本中的比重等于企业人工总成本（AC），即：

$$\frac{全年应支付给职工以及为员工支付的现金}{营业总成本}$$

（4）Wpay1：普通员工人均薪酬（Workers' pay）1，即：

$$普通员工人均人工成本 = \frac{应支付给员工以及为员工支付的现金 - 董事、监事及高管年薪总额}{全年平均员工人数 - 领取薪酬的董事、监事及高管人数}$$

回归模型中用普通员工人均薪酬的自然对数进行标准化。

（5）Wpay2：普通员工人均薪酬2，为剔除社会保险费用后的普通员工人均薪酬，考虑社会保险费用的激励效用较弱，剔除社会保险费用后再计算普通员工人均薪酬。参照刘春、孙亮（2010）的做法，本章同样利用剔除养老保险金等社会基本保障费用后的员工净薪酬总额来计算普通员工人均薪酬和企业内部薪酬差额。

$$Wpay2 = \frac{\frac{应支付给员工以及为员工支付的现金}{1.56} - 董事、监事及高管年薪总额}{全年平均员工人数 - 领取薪酬的董事、监事及高管人数}$$

回归模型中用普通员工人均薪酬的自然对数进行标准化。

（6）高管薪酬 MPay，高管人均人工成本：

$$高级管理人员人均薪酬 = \frac{高管前3名年薪总额}{3}$$

（7）TopPay：领导层平均薪酬（The Top Three Average Salaries）：

$$\text{董事、监事及高管前 3 名平均薪酬} = \frac{\text{董事、监事及高管前 3 名薪酬总额}}{3}$$

企业内部薪酬差距：薪酬差距主要是指对为企业发展做出不同等级贡献的员工给予相应的不同层次的薪酬，以便更好地刺激他们努力工作或者吸引更多高水平的员工。

企业内部薪酬差距估算是企业内部薪酬差距的近似测量，参照黎文靖、胡玉明（2012）的做法，以企业高管的平均个人薪酬与员工的平均个人薪酬之间的差额衡量。具体是指高管前 3 名平均薪酬与普通员工平均薪酬的差距，此处借鉴黎文靖、胡玉明（2012）的算法。

（8）MWPG：企业内部高管与职工薪酬差距。在计算企业高级管理人员薪酬与普通员工薪酬的差距时，用高级管理人员人均薪酬和普通员工人均薪酬的差额来计量，即：

$$\text{高级管理人员与普通员工薪酬差距 MWPG1} = \text{高级管理人员人均薪酬} - \text{普通员工人均薪酬} = MAC - WAC = MPay - WPay$$

$$= \frac{\text{高管前 3 名年薪总额}}{3} - \frac{\text{职工薪酬 2}}{\text{员工人数} - \text{高管人数}}$$

$$\text{普通员工与高级管理人员薪酬差距 MWPG2} = \text{高级管理人员人均薪酬} - \text{普通员工人均薪酬 2} = MAC - WAC = MPay - WPay2$$

$$= \frac{\text{高管前 3 名年薪总额}}{3} - \text{普通员工人均薪酬 2}$$

（9）TWPG：企业前 3 名平均薪酬与普通员工薪酬差距。在计算普通员工与最高前 3 名高层薪资的差距时，将普通员工与董事、监事及高管前 3 名之间的薪酬差距用董事、监事及高管前 3 名平均薪酬与普通员工人均薪酬的差额来计量，即：

企业前 3 名平均薪酬与普通员工薪酬差距 TWPG1 = MAC − WAC = MPay − WPay = 董事、监事及高管前三名平均薪酬 − 普通员工人均薪酬

企业前 3 名平均薪酬与普通员工薪酬差距 TWPG2 = ln（董事、监事及高管前 3 名平均薪酬 − 普通员工人均薪酬 2）

（二）控制变量的选择与计量

借鉴以前相关文献的方法，在模型中引入以下控制变量。

SIZE：公司资产规模，主要从企业资产规模角度考虑对企业成本、收益和价值创造的影响。

NumE：员工人数。公司员工规模，主要考虑员工人数对企业收益和价值创造的影响，用企业员工平均人数的自然对数作为控制变量。劳动密集型的企业相对于资金密集型的企业，员工人数需求更多。

CFO：经营活动现金流量净额。选取企业当年的自由现金流，并用年初和年末的

平均资产进行标准化。

GROW：企业成长性。用主营业务收入增长率表示，主要从企业成长性的角度考虑对企业成本、收益和价值创造的影响。

LEV：财务杠杆通常用资产负债率表示，等于企业年末总负债除以总资产。主要从偿债能力的角度考虑对企业经营状况的影响。

LHR：第一大股东持股比例。

Sep：董事长和总经理两职合一比率。

SOE：企业性质，是虚拟变量，当企业的终极控制人性质为国有企业时取值1；否则取值0。

本书模型中用到的所有指标及指标内涵解释见表2-7。

表2-7　　　　　　　　　模型中用到的变量和变量解释

变量	变量定义
OCR	营业收入成本率 = 营业成本 ÷ 营业收入
TOCR	总营业收入成本率 = 营业总成本 ÷ 营业总收入
NCCR	物化成本比率 = 物化成本 ÷ 营业总成本，物化成本 = 营业成本 - 员工薪酬
NTOCR	营业收入物化成本率 = 物化成本 ÷ 营业总收入，其中，物化成本 = 营业成本 - 员工薪酬
NPeriER	净期间费用 = 期间费用 - 高层薪酬总额
PeriER	期间费用率 = （销售费用 + 管理费用 + 财务费用）÷ 营业收入
MER	管理费用率 = 管理费用 ÷ 营业收入
SER	销售费用率 = 销售费用 ÷ 营业收入
FER	财务费用率 = 财务费用 ÷ 营业收入
ROA	总资产回报率，衡量单位资产创造的净利润
VC	企业劳动新创造价值，回归中以自然对数进行标准化
TVC	新创造价值总额 = ln（工资 + 利息 + 税收 + 利润）
PLVC	人均价值创造 = （工资 + 利息 + 税收 + 利润）÷ 平均职工人数，回归中以职工人均薪酬的自然对数来表示
PAVC	单位资产价值产出率，平均每一单位资产创造的价值，计算公式为：（工资 + 利息 + 税收 + 利润）÷ 企业总资产 = 价值创造 ÷ 总资产
PLVC	人均价值创造 PLVC = （工资 + 利息 + 税收 + 利润）÷ 平均职工人数，回归模型中取自然对数来标准化
AC	人工总成本，全年应该支付给员工以及为员工支付的现金
PAC	人均人工成本 = 企业人工成本总额 ÷ 平均员工人数。回归模型中取自然对数进行标准化
PEPay	人均员工薪酬 = 全年应该支付给员工以及为员工支付的现金 ÷ 领取薪酬的在职员工平均人数。回归模型中以员工人均薪酬的自然对数来表示
TRAC	人工成本在总成本中的比重 = AC ÷ 营业总成本

续表

变量	变量定义
WPay1	普通员工人均人工成本，即普通员工人均薪酬 = 普通员工薪酬总和 ÷ 平均普通员工人数，取自然对数标准化
WPay2	（普通员工薪酬总和 ÷ 1.56） ÷ 普通员工平均人数，取自然对数标准化
Topay	最高前 3 名平均薪酬，取自然对数进行标准化
MPay	高管薪酬 = 高管前 3 名年薪总和 ÷ 3，取自然对数进行标准化
TWPG1	最高前 3 名平均薪酬与普通职工的薪酬差距，取自然对数标准化
TWPG2	最高前 3 名平均薪酬与普通职工的实收薪酬差距，取自然对数标准化
MWPG1	高管薪酬与普通员工薪酬差距
MWPG2	高级管理人员与普通职工的实收薪酬差距 = 高级管理人员人均薪酬 – 普通员工人均薪酬 2
SIZE	公司规模，以总资产取自然对数来衡量
NumE	职工人数，即公司职工规模，主要考虑职工人数对企业收益和价值创造的影响，用企业职工平均人数的自然对数表示
CFO	经营活动现金流量净额，选取企业当年的自由现金流，用期初期末的平均资产进行标准化
LEV	财务杠杆，用企业资产负债率表示。主要从偿债能力的角度考虑对企业经营状况的影响
SOE	企业性质，虚拟变量，国有企业取值 1；否则取值 0
Grow	企业成长性，用企业主营业务收入增长率衡量
LHR	第一大股东持股比率（%）
Sep	两权分离率（%），实际控制人拥有上市公司控制权与所有权之差
ε	误差项

二、模型构建

借鉴黎文靖、胡玉明（2012），谢获宝、惠丽丽（2015），刘春、孙亮（2010）等的做法，根据前面给出的变量定义，构建各研究假设的回归模型如下：

$$OCR_{it} = a_0 + a_1 WPay_{it} + a_2 SIZE_{it} + a_3 NumE_{it} + a_4 LEV_{it} + a_5 CFO_{it} + a_K \sum Industry + a_J \sum Year + \varepsilon \quad \text{（模型 1）}$$

$$PeriER_{it} = c_0 + c_1 Mpay_{it} + c_2 SIZE_{it} + c_3 NumE_{it} + c_4 LEV_{it} + c_5 CFO_{it} + c_K \sum Industry + c_J \sum Year + \varepsilon \quad \text{（模型 2）}$$

$$PeriER_{it} = c_0 + c_1 MWPG_{it} + c_2 SIZE_{it} + c_3 NumE_{it} + c_4 LEV_{it} + c_5 CFO_{it} + c_K \sum Industry + c_J \sum Year + \varepsilon \quad \text{（模型 3）}$$

$$OCR_{it} = a_0 + a_1 MWPG_{it} + a_2 SIZE_{it} + a_3 NumE_{it} + a_4 LEV_{it} + a_5 CFO_{it} + a_K \sum Industry + a_J \sum Year + \varepsilon \quad \text{（模型 4）}$$

第五节　样本选择与数据分析

一、样本选取与数据来源

本章基于国泰安数据库（CSMAR）选取沪、深两市2010—2017年A股上市公司作为总体样本，去掉金融公司、去除数据缺失和不全的公司、去除员工数低于100的公司，最终得到的研究样本由18114个年度公司观测值组成（即全样本1）。在全样本中根据企业性质（来源于WIND数据库）分为国企、民营和外资企业，其样本数分别是7248个、6780个、453个年度观测值。

在全样本的18114个年度公司观测值的基础上选取行业代码C中的制造类公司，删除LEV大于1的31个观测值、薪酬差距为负数的74个观测值，最终得到由11080个年度公司观测值组成的制造类企业研究样本（即样本2）。

二、描述性统计

本章对所选取的变量进行了描述性统计，统计结果显示，营业收入与营业成本在极大值、极小值和均值上大体上相匹配。员工人数平均值为5978，从高管的平均薪酬来看，高管薪酬平均是员工薪酬的7倍左右，说明企业内部薪酬差距非常大（见表2-8）。

表2-8　　　　　　　　　全样本1描述性统计

变量	N	极小值	极大值	均值	标准差
OCR	18114	0.00	4.03	0.72	0.17
TOCR	18114	0.22	21.84	0.94	0.32
ROA	18114	0.24	7.25	0.05	0.09
TOPay	18114	0.00	19208700.00	716138.09	728955.42
MPay	18114	0.00	12088900.00	653338.41	647453.33
WPay1	18114	314.01	5307709.75	110732.32	120136.66
MWPG	18114	4506743.08	11756777.32	542606.09	640524.17
eriER	18114	0.09	1.27	0.20	0.14
MER	18114	0.00	1.23	0.11	0.09
SER	18114	0.00	0.84	0.08	0.10
FER	18114	0.50	0.76	0.02	0.05
Size	18114	17.75	28.50	22.10	1.30

续表

变量	N	极小值	极大值	均值	标准差
LEV	18114	0.0071	2.6126	0.4347	0.2170
CFO	18114	-1.0324	0.9319	0.0434	0.0851

数据来源：国泰安数据库。

样本2中各变量的描述性统计结果如表2-9所示。从表2-9可以看出：（1）普通员工平均工资，最大值880820，最小3960.1023，均值91738.61；（2）营业成本/营业收入的最小值0.0145，最大值1.5150，均值0.7232；（3）价值创造/平均资产，最大值1.4188，最小值0.0030，均值0.1737；（4）薪酬差距1，最大值19056059，最小值1675，均值594176；（5）薪酬差距3（高管前3名与普通员工1），最大值11370363，最小-97524，均值531613。

表2-9　　　　　　　　　　　样本2描述性统计

变量	N	极小值	极大值	均值	标准差
OCR	11080	0.0145	1.5150	0.7232	0.1655
TOCR	11080	0.2883	16.7683	0.9435	0.3036
ROA	11080	-0.2427	1.1928	0.0504	0.0558
PAVC	11080	0.0030	1.4188	0.1737	0.0976
TopPay	11080	10.4650	16.7709	13.1765	0.6872
MPay	11080	10.1280	16.2538	13.0783	0.6952
MWPG1	11080	-97524	11370363	531613	600500
PVC	11080	8.2725	15.3289	12.2330	0.6773
PLVC	11080	8.2800	15.3409	12.2447	0.6799
WPay1	11080	3960.10	880820	91738.61	51844.24
WPay2	11080	2276.45	562919	57825.94	32907.44
SER	11080	0.0000	0.8412	0.0870	0.1026
MER	11080	0.0045	1.2273	0.1080	0.0712
FER	11080	-0.4375	0.4620	0.0111	0.0333
Size	11080	18.3432	27.3074	21.9331	1.1607
NumE	11080	4.6052	12.2108	7.7613	1.1385
LEV	11080	0.0071	0.9994	0.4004	0.2016
CFO	11080	-0.7560	0.4804	0.0455	0.0774
GROW	11080	-0.9590	349.4562	0.3200	4.0596

数据来源：国泰安数据库。

三、变量相关性分析

从表2-10可以看出,平均员工工资指标与营业收入成本率、总营业收入成本率负相关,并且都在1%的水平上显著,与ROA、人均价值创造和平均资产价值产出率等指标均在1%的水平上显著正相关;营业收入成本率与ROA负相关、人均价值创造和平均资产价值产出率负相关,并且均在1%的水平上显著,企业职工规模NumE与营业收入成本率、平均资产价值产出率显著正相关,与人均价值创造显著负相关。

表2-10　　　　　　　　样本1部分变量相关系数表

	WPay1	WPay2	ROA	PAVC	PLVC	OCR	TOCR
WPay1	1	0.999**	0.047**	0.078**	0.690**	-0.101**	-0.079**
		0	0	0	0	0	0
WPay2		1	0.045**	0.082**	0.679**	-0.093**	-0.078**
			0	0	0	0	0
ROA			1	0.816**	0.281**	-0.265**	-0.132**
				0	0	0	0
PAVC				1	0.132**	-0.280**	-0.122**
					0	0	0
PLVC					1	-0.266**	-0.177**
						0	0
OCR						1	0.270**
							0
TOCR							1

注:Pearson相关显著性(双侧),**表示在0.01的水平(双侧)上显著相关,*表示在0.05的水平(双侧)上显著相关。N=11080。

从表2-11可以看出,平均员工工资指标与营业收入成本率负相关、总营业收入成本率负相关,都在1%的水平上显著,与ROA、人均价值创造和平均资产价值产出率等指标均在1%的水平上显著正相关;营业收入成本率与ROA负相关、人均价值创造和平均资产价值产出率负相关,都在1%的水平上显著;企业职工规模NumE与营业收入成本率、平均资产价值产出率显著正相关,与人均价值创造显著负相关。

表2-11　　　　　　　　样本2部分变量相关系数表

	PEPay	WPay1	OCR	TOCR	ROA	PLVC	PAVC	NumE
PEPay	1	0.999**	-0.159**	-0.086**	0.129**	0.633**	0.190**	-0.01
		0	0	0	0	0	0	0.302
WPay1		1	-0.150**	-0.082**	0.123**	0.624**	0.192**	0.012
			0	0	0	0	0	0.212

续表

	PEPay	WPay1	OCR	TOCR	ROA	PLVC	PAVC	NumE
OCR			1	0.272**	-0.462**	-0.372**	-0.430**	0.206**
				0	0	0	0	0
TOCR				1	-0.216**	-0.211**	-0.177**	0.003
					0	0	0	0.77
ROA					1	0.571**	0.793**	-0.01
						0	0	0.287
PLVC						1	0.377**	-0.089**
							0	0
PAVC							1	0.201**
								0
NumE								1

注：Pearson 相关显著性（双侧），** 表示在 0.01 的水平（双侧）上显著相关；* 表示在 0.05 的水平（双侧）上显著相关。N = 11080。

第六节 回归结果及其分析

一、普通职工薪酬与企业成本的回归结果及分析

以企业普通职工薪酬为自变量，分别以企业营业收入成本率、总营业收入成本率为因变量，分别对全样本和制造类企业进行回归，回归结果见表 2-12。表中数据显示，企业普通职工薪酬与营业收入成本率、总营业收入成本率负相关，均在 1% 的水平上显著（在全样本和制造类企业样本中相同）。说明提高人工成本（普通职工的工资福利）不但不会增加企业的营业成本，反而可以降低企业的营业成本，增加企业毛利。即提高普通职工的工资福利水平，可以提升员工的主人公意识感，促进员工勤俭节约，从而起到显著控制企业成本的作用，说明我国企业职工工资还有提升的空间，进而显著提高企业经营毛利。假设 1 得到验证。

表 2-12 普通职工薪酬与企业成本控制

因变量	全样本		制造类企业	
	OCR	TOCR	OCR	TOCR
（常量）	0.834***	1.861***	0.844***	1.842***
	(26.0480)	(27.688)	(23.3390)	(20.3990)

续表

因变量	全样本		制造类企业	
	OCR	TOCR	OCR	TOCR
WPay	-0.051***	-0.042***	-0.102***	-0.047***
	(-6.109)	(-4.449)	(-12.09)	(-4.108)
Size	-0.049***	-0.143***	-0.022	-0.126***
	(-3.713)	(-9.616)	(-1.499)	(-6.41)
NumE	0.094***	0.028**	0.065***	0.017
	(8.0120)	(2.0720)	(4.7890)	(0.8900)
LEV	0.344***	0.214***	0.287***	0.218***
	(44.1180)	(24.1030)	(35.0540)	(19.5140)
CFO	-0.176***	-0.112***	-0.153***	-0.155***
	(-26.08)	(-14.65)	(-21.08)	(-15.71)
YEAR	控制	控制	控制	控制
行业	控制	控制	控制	控制
adj R^2	0.273	0.063	0.507	0.088
F	243.417***	44.444***	286.292***	27.864***
N	18114	18114	11080	11080

注：（1）回归模型：$OCR//TOCR_{it} = a_0 + a_1 WPay_{it} + a_2 SIZE_{it} + a_3 NumE_{it} + a_4 LEV_{it} + a_5 CFO_{it} + a_K \sum Industry + a_J \sum Year + \varepsilon$（模型1）；（2）所有变量的定义见表2-7；（3）***，** 和 * 分别表示在1%，5% 和10%的水平上显著。

进一步将全样本分为国企、民营、外资，进行上面的回归，结果见表2-13。表2-13中数据显示，在民营和外资企业中，企业普通职工薪酬与营业收入成本率负相关，并且在1%和5%的水平上显著，与全样本回归结果一致。但在国有企业中，企业普通职工薪酬与营业收入成本率显著正相关，说明我国国有企业中职工工资已经没有提升的空间，或者目前职工工资已明显偏高，再继续提高职工工资已经没有激励效果。国企的状况与卢亭薇（2015）的文献研究结果一致，卢亭薇的研究发现，我国航空界的三大资金密集型央企——国航、南航、东航这三大航空公司，其员工薪酬不合理、拉克尔系数过高，成为企业效益下降的主要原因。

表2-13   不同性质企业的普通职工薪酬与企业成本控制

OCR	全样本	国企	民营	外资
（常量）	0.834***	0.791***	1.124***	1.557***
	(26.0480)	(19.6380)	(19.0270)	(7.2920)
Wpay	-0.051***	0.02***	-0.045***	-0.041**
	(-6.109)	(5.3190)	(-10.159)	(2.5470)

续表

OCR	全样本	国企	民营	外资
Size	-0.049***	-0.024***	0.003	-0.042***
	(-3.713)	(-9.336)	(0.8390)	(-3.81)
NumE	0.094***	0.023***	-0.006**	0.057***
	(8.0120)	(9.1920)	(-2.205)	(5.9860)
LEV	0.344***	0.238***	0.257***	0.211***
	(44.1180)	(25.5000)	(25.1090)	(6.0680)
CFO	-0.176***	-0.426***	-0.318***	-0.224***
	(-26.082)	(-20.09)	(-14.474)	(-2.961)
YEAR	控制	控制	控制	控制
行业	控制	控制	控制	控制
adj R^2	0.273	0.289	0.248	0.393
F	243.417***	106.006***	80.670***	14.985***
N	18114	7248	6780	453

注：回归模型：$OCR_{it} = a_0 + a_1 WAC_{it} + a_2 SIZE_{it} + a_3 NumE_{it} + a_4 LEV_{it} + a_5 CFO_{it} + a_K \sum Industry + a_J \sum Year + \varepsilon$ （模型1）。

二、高管薪酬与企业成本的回归结果分析

以企业普通职工薪酬为自变量，以企业期间费用率 PeriER 为因变量，分别对全样本和制造类企业进行回归，回归结果见表2-14、表2-15。

在表2-14中，高管薪酬与企业期间费用率、管理费用率和销售费用率均呈正相关关系，并且在1%的水平上显著，仅与财务费用率负相关且显著，说明提高高管薪酬对于企业期间费用不但没有任何控制作用（削减在职消费），反而增加企业期间费用总额，尤其是增加管理费用和销售费用。即使是扣除高管层的所有薪酬后的净期间费用，高管薪酬与企业期间费用仍然在1%的水平上显著正相关（见表2-15）。

表2-14　　　　　　　　高管薪酬对企业期间费用的影响

因变量	PeriER	MER	SER	FER
（常量）	0.485***	0.345***	0.172***	-0.03***
	(19.14)	(24.05)	(9.877)	(-4)
Mpay	0.019***	0.012***	0.014***	-0.01***
	(12.2)	(13.23)	(13.3)	(-14)
Size	-0.02***	-0.02***	-0.02***	0.007***
	(-17.1)	(-20.1)	(-16.4)	(17.53)

续表

因变量	PeriER	MER	SER	FER
NumE	0.001 (1.02)	−0 *** (−4.21)	0.012 *** (13.93)	−0.01 *** (−19.6)
LEV	−0.09 *** (−16.6)	−0.09 *** (−28.1)	−0.1 *** (−26)	0.093 *** (54.78)
CFO	0.095 *** (8.017)	0.005 (0.744)	0.088 *** (10.81)	0.002 (0.535)
YEAR	控制	控制	控制	控制
行业	控制	控制	控制	控制
adj R²	0.191	0.294	0.174	0.300
F	153.191 ***	269.541 ***	137.372 ***	277.993 ***
N	18114	18114	18114	18114

表 2−15　高管薪酬对企业净期间费用（期间费用−高层薪酬总额）的影响

因变量：NPeriER	B	t	Sig.
（常量）	0.477	19.07	0
Mpay	0.017	10.57	0
Size	−0.02	−16.3	0
NumE	0.003	2.211	0.027
LEV	−0.09	−15.9	0
CFO	0.096	8.199	0
YEAR	控制		
行业	控制		
adj R²	0.181		
F	143.800		0.000
N	18114		

注：所有变量的定义见表 2−7。

三、企业内部薪酬差距与期间费用的回归结果分析

（一）提高高管薪酬扩大薪酬差距并不能带来期间费用的降低

以企业内部薪酬差距为自变量，分别以各项期间费用率为因变量，对全样本进行回归，回归结果见表 2−16。表 2−16 中企业内部薪酬差距与期间费用率、管理费用率、销售费用率都正相关，并且均在 1% 的水平上显著，与财务费用率负相关但不显

著。假设 3 得到验证,说明在我国企业中提高高管薪酬、加大薪酬差距,不但未能降低期间费用,反而显著增加期间费用在营业总成本中的比重,说明在我国企业提高高管薪酬待遇,不但不会节约管理费用,反而增加企业的管理费用和销售费用等期间费用;也说明提高高管薪酬、扩大薪酬差距,并不能很好地抑制高管在职消费或者寻租行为,却起相反的作用。表明在我国企业内部薪酬差距激励机制不能缓解代理问题,加大内部薪酬差距,不但不能带来企业成本的降低,反而会加剧期间费用的耗费。

表 2-16　　　　　　　　企业高管员工薪酬差距与期间费用控制

因变量	PeriER	MER	SER	FER
常量	0.62 *** (27.63)	0.429 *** (33.69)	0.282 *** (18.26)	-0.09 *** (-12.7)
MWPG	0.001 *** (4.248)	0.001 *** (4.551)	0 * (1.684)	0 (1.618)
Size	-0.02 *** (-14)	-0.01 *** (-16.8)	-0.01 *** (-13)	0.006 *** (14.3)
Size2	0.001 (0.849)	-0 *** (-4.21)	0.012 *** (14.06)	-0.01 *** (-20.4)
LEV	-0.1 *** (-17.9)	-0.09 *** (-29.6)	-0.1 *** (-27.8)	0.096 *** (56.95)
CFO	0.109 *** (9.325)	0.014 ** (2.057)	0.098 *** (12.2)	-0 (-0.72)
YEAR	控制	控制	控制	控制
行业	控制	控制	控制	控制
adj R^2	0.185	0.287	0.166	0.293
F	147.587 ***	261.912 ***	130.026 ***	268.519 ***
N	18114	18114	18114	18114

注:回归模型:$PeriER_{it} = c_0 + c_1 MWPG_{it} + c_2 SIZE_{it} + c_3 NumE_{it} + c_4 LEV_{it} + c_5 CFO_{it} + c_K \sum Industry + c_J \sum Year + \varepsilon$(模型 3)。

进一步将全样本分为国企、民营、外资,进行上面的回归,结果见表 2-17。表 2-17 中数据显示,无论在国企、民营企业,还是在外资企业中,企业内部高管员工薪酬差距与期间费用率正相关,并且在 1% 和 10% 的水平上显著,与全样本回归结果一致。由此说明,提高高管薪酬、加大薪酬差距,不论在什么性质的企业中都不能降低期间费用,反而显著增加期间费用在营业总成本中的比重。

第二章 职工薪酬增长与企业成本节约

表 2-17　　企业高管员工薪酬差距与期间费用控制

因变量	全部	国企	民营	外资
（常量）	0.62 *** (27.627)	0.515 *** (18.852)	0.732 *** (15.813)	-0.058 (-0.357)
MWPG	0.001 *** (4.248)	0.001 * (1.711)	0.001 * (1.754)	0.008 *** (4.367)
Size	-0.018 *** (-13.966)	-0.014 *** (-8.86)	-0.026 *** (-10.367)	0.027 *** (3.113)
NumE	0.001 (0.849)	0.0000 (-0.022)	0.012 *** (5.211)	-0.053 *** (-7.388)
LEV	-0.096 *** (-17.937)	-0.049 *** (-6.855)	-0.113 *** (-12.341)	-0.015 (-0.49)
CFO	0.109 *** (9.325)	0.073 *** (4.457)	0.128 *** (6.569)	-0.03 (-0.455)
YEAR	控制	控制	控制	控制
行业	控制	控制	控制	控制
adj R^2	0.185	0.180	0.169	0.319
F	147.587 ***	57.988 ***	50.127 ***	11.108 ***
N	18114	7248	6780	453

注：回归模型：$PeriER_{it} = c_0 + c_1 MWPG_{it} + c_2 SIZE_{it} + c_3 NumE_{it} + c_4 LEV_{it} + c_5 CFO_{it} + c_K \sum Industry + c_J \sum Year + \varepsilon$（模型3）。

为验证高管薪酬本身对企业期间费用的影响，在期间费用中扣除高层薪酬后再作检验，结果见表 2-18。结果与上面一致，尤其扣除高层薪酬总额后的管理费用，无论在总体样本还是国企中，提高高管薪酬、加大薪酬差距，都未能降低企业净管理费用，反而显著增加了净管理费用在营业总成本中的比重，更加深入地体现了提高高管薪酬、加大薪酬差距对于代理成本的缓解没有任何意义。

表 2-18　　薪酬差距对企业净期间费用（期间费用扣除高层薪酬）的影响

因变量	全样本	全样本	国企
	NPeriER	MER	MER
常量	0.594 *** (26.785)	0.429 *** (33.687)	0.389 *** (25.322)
WMPG	0.001 *** (3.489)	0.001 *** (4.551)	0 ** (1.986)

续表

因变量	全样本	全样本	国企
	NPeriER	MER	MER
Size	-0.017***	-0.012***	-0.012***
	(-13.707)	(-16.804)	(-13.788)
NumE	0.003**	-0.003***	0.002*
	(2.059)	(-4.211)	(1.721)
LEV	-0.091***	-0.09***	-0.074***
	(17.155)	(-29.619)	(-18.212)
CFO	0.109***	0.014***	-0.018**
	(9.364)	(2.057)	(-1.993)
YEAR	控制	控制	控制
行业	控制	控制	控制
adj R^2	0.176	0.287	0.238
F	139.593***	261.912***	81.822***
N	18114	18114	7248

注：模型：$PeriER_{it}/MER_{it} = c_0 + c_1 MWPG_{it} + c_2 SIZE_{it} + c_3 NumE_{it} + c_4 LEV_{it} + c_5 CFO_{it} + c_K \sum Industry + c_J \sum Year + \varepsilon$（模型3）。

（二）薪酬差距不利于企业成本控制

以企业普通职工薪酬为自变量，分别以企业营业收入成本率 ORC、总营业成本 TOCR 率为因变量，对全样本和制造类企业进行回归，回归结果见表 2-19、表 2-20。表 2-19 中企业普通职工薪酬与营业收入成本率、总营业收入成本率在全样本中均在 1% 的水平上显著负相关，说明提高高管薪酬与企业经营效益有关，实际上高管薪酬随着企业业绩的增加而提升。表 2-20 中，高管薪酬与营业收入成本率和营业总成本率均在 1% 的水平上显著负相关，但是高管与职工的薪酬差距与营业收入成本率显著正相关，与营业总成本率正相关不显著。说明提高高管薪酬有利于企业成本控制，但是这个提高有一个度，需要和普通职工的薪酬同幅度提高，如果高管薪酬提升幅度高于职工薪酬提升幅度，导致企业薪酬差距扩大，则会导致企业成本的增加。

表 2-19   高管薪酬对企业营业成本的影响

因变量	ORC			TOCR		
	B	t	Sig.	B	t	Sig.
（常量）	1.005	33.944	0	1.985	31.805	0
MPay	-0.033	-17.777	0	-0.036	-9.19	0
Size	-0.004	-2.875	0.004	-0.036	-10.832	0

续表

因变量	ORC			TOCR		
	B	t	Sig.	B	t	Sig.
NumE	0.019	13.4	0	0.016	5.309	0
LEV	0.264	41.962	0	0.305	22.967	0
CFO	-0.353	-25.551	0	-0.422	-14.491	0
YEAR	控制	控制	控制	控制	控制	控制
行业	控制	控制	控制	控制	控制	控制
adj R^2	0.284			0.067		
F	256.901	0.000		47.038	0.000	
N	18114			18114		

注：所有变量的定义见表 2-7。

表 2-20　　高管薪酬和薪酬差距对企业成本的影响

因变量	ORC			TOCR		
	B	t	Sig.	B	t	Sig.
（常量）	0.801	23.964	0	1.837	21.977	0
Mpay	-0.135	-11.57	0	-0.071	-4.473	0
MWPG	0.032	3.056	0.002	0.012	0.849	0.396
Size1	-0.046	-3.451	0.001	-0.133	-7.248	0
Size2	0.133	10.5	0	0.049	2.834	0.005
LEV	0.278	33.676	0	0.212	18.824	0
CFO	-0.151	-20.81	0	-0.153	-15.47	0
YEAR	控制	控制	控制	控制	控制	控制
行业	控制	控制	控制	控制	控制	控制
adj R^2	0.509			adj R^2	0.090	
F	281.476	0.000		F	27.573	0.000
N	11080			N	11080	

注：(1) 回归模型：$OCR = b_0 + b_1 MAC_{it} + b_2 MWPG_{it} + b_3 SIZE_{it} + b_4 NumE_{it} + b_5 LEV_{it} + b_6 CFO_{it} + b_K \sum Industry + b_J \sum Year + \varepsilon$（模型2）；(2) 所有变量的定义见表 2-7。

四、稳健性检验

（一）职工薪酬水平对企业成本节约影响的稳健性检验

为了验证在我国企业里提高普通职工薪酬，可以提高职工的工作效率，促进职工节约成本，验证以上结果的可靠性，在计算企业成本指标时，将企业总成本扣除职工薪酬总额，剩下的是企业耗费的物化成本，也就是企业职工实际耗费的物化成本指标，然后以这个指标为因变量，以职工平均薪酬、高管薪酬、薪酬差距为自变量重新进行回归，结果见表2-21、表2-22、表2-23。从表2-21可以看出，普通员工平均工资与企业物化成本比率负相关、与营业收入物化成本率负相关，并且均在1%的水平上显著，因此进一步检验了假设1，说明提高普通员工薪酬可以显著节约企业成本。

表2-21　　　　　　　　　职工薪酬对企业物化成本节约的影响

因变量	NCCR			NTOCR		
	B	t	Sig.	B	t	Sig.
（常量）	0.615	42.205	0	1.32	24.229	0
Wpay	-0.069	-55.48	0	-0.082	-17.56	0
Size	0.066	78.262	0	0.031	9.769	0
NumE	-0.059	-75.24	0	-0.048	-16.35	0
LEV	0.104	34.514	0	0.363	32.191	0
CFO	0.035	5.304	0	-0.307	-12.32	0
YEAR	控制	控制	控制	控制	控制	控制
行业	控制	控制	控制	控制	控制	控制
adj R^2	0.476			adj R^2	0.132	
F	588.057	0.000		F	99.245	0.000
N	18114			N	18114	

从表2-22、表2-23可以看出，高管薪酬与企业物化成本比率和营业收入物化成本率两个指标均在1%的水平上显著负相关，但薪酬差距与物化成本比率、营业收入物化成本率两个指标均在1%的水平上显著正相关，说明在提高高管薪酬时，如果能够同幅度提高职工薪酬，可以降低企业成本，但是如果高管薪酬的提高幅度高于普通职工薪酬的提升幅度，造成高管与职工薪酬的差距扩大，则会造成企业成本的飙升，不利于企业盈利。因此进一步检验了假设1。

表2-22　　　　　　　　　高管薪酬对企业物化成本节约的影响

因变量	NCCR			NCCR			NCCR		
	B	t	Sig.	B	t	Sig.	B	t	Sig.
（常量）	0.321	20.902	0	0.162	11.904	0	0.327	21.525	0
Mpay	-0.017	-17.239	0				-0.03	-23.721	0
MWPG				0.002	10.469	0	0.005	19.483	0
Size	0.046	56.666	0	0.042	54.279	0	0.049	59.801	0
NumE	-0.038	-50.993	0	-0.041	-52.969	0	-0.04	-54.378	0

续表

因变量	NCCR			NCCR			NCCR		
	B	t	Sig.	B	t	Sig.	B	t	Sig.
LEV	0.107	32.666	0	0.118	36.069	0	0.109	33.812	0
CFO	0.001	0.142	0.887	-0.009	-1.285	0.199	0.01	1.455	0.146
YEAR	控制			控制			控制		
行业	控制			控制			控制		
adj R²	0.396			0.390			0.409		
F	425.365	0.000		414.955	0.000		432.395	0.000	
N	18114			18114			18114		

表2-23　　　　薪酬差距对企业物化成本节约的影响

因变量	NTOCR			NTOCR			NTOCR		
	B	t	Sig.	B	t	Sig.	B	t	Sig.
（常量）	1.176	21.946	0	0.85	17.852	0	1.178	21.984	0
Mpay	-0.045	-13.515	0				-0.048	-13.181	0
MWPG				-0.003	-3.616	0	0.002	1.955	0.051
Size	0.013	4.555	0	0.002	0.654	0.513	0.014	4.829	0
NumE	-0.022	-8.344	0	-0.022	-8.357	0	-0.023	-8.567	0
LEV	0.354	31.02	0	0.371	32.612	0	0.355	31.078	0
CFO	-0.332	-13.29	0	-0.363	-14.585	0	-0.329	-13.129	0
YEAR	控制			控制			控制		
行业	控制			控制			控制		
adj R²	0.126			0.118			0.126		
F	94.194	0.000		87.278	0.000		91.092	0.000	
N	18114			18114			18114		

（二）高管薪酬本身对企业期间费用影响的稳健性检验

为验证高管薪酬本身对企业期间费用的影响，在期间费用中扣除高层薪酬后再作检验，结果见表2-24。结果与上面一致，尤其扣除高层薪酬总额后的管理费用，无论在总体样本和国企中，提高高管薪酬都未能降低企业净管理费用，反而显著增加了净管理费用在营业总成本中的比重，更加深入地体现了提高高管薪酬对于代理成本的缓解没有任何意义。

表 2-24　高管薪酬对企业净期间费用（期间费用-高层薪酬总额）的影响

因变量：NPeriER	B	t	Sig.
（常量）	0.477	19.07	0
Mpay	0.017	10.57	0
Size	-0.02	-16.3	0
NumE	0.003	2.211	0.027
LEV	-0.09	-15.9	0
CFO	0.096	8.199	0
YEAR	控制	控制	控制
行业	控制	控制	控制
adj R^2	0.181		
F	143.800	0.000	
N	18114		

（三）薪酬差距对企业期间费用影响的稳健性检验

为验证薪酬差距对企业期间费用的影响，在期间费用中扣除高层薪酬后继续做检验，结果见表 2-25。此结果与上面一致，尤其扣除高层薪酬总额后的管理费用，无论在总体样本和国企中，薪酬差距扩大都未能降低企业净管理费用，反而显著增加了净管理费用在营业总成本中的比重，更加深入地体现了高管职工薪酬差距的扩大不但不利于企业成本的节约，反而显著增加了企业期间费用。

表 2-25　薪酬差距对企业净期间费用（期间费用扣除高层薪酬）的影响

因变量	全样本	全样本	国企
净期间费用	NPeriER	MER	MER
常量	0.594 *** (26.785)	0.429 *** (33.687)	0.389 *** (25.322)
WMPG	0.001 *** (3.489)	0.001 *** (4.551)	0 ** (1.986)
Size	-0.017 *** (-13.707)	-0.012 *** (-16.804)	-0.012 *** (-13.788)
NumE	0.003 ** (2.059)	-0.003 *** (-4.211)	0.002 * (1.721)
LEV	-0.091 *** (17.155)	-0.09 *** (-29.619)	-0.074 *** (-18.212)
CFO	0.109 *** (9.364)	0.014 *** (2.057)	-0.018 ** (-1.993)

续表

因变量	全样本	全样本	国企
净期间费用	NPeriER	MER	MER
YEAR	控制	控制	控制
行业	控制	控制	控制
adj R^2	0.176	0.287	0.238
F	139.593***	261.912***	81.822***
N	18114	18114	7248

注：模型：$PeriER_{it}/MER_{it} = c_0 + c_1 MWPG_{it} + c_2 SIZE_{it} + c_3 NumE_{it} + c_4 LEV_{it} + c_5 CFO_{it} + c_K \sum Industry + c_J \sum Year + \varepsilon$（模型3）。

第七节 追加研究：提高职工薪酬对股东收益和社会效益有何影响

提高职工薪酬可激励员工提高劳动生产率，增加企业盈利；降低企业人工成本可能带来社会经济损失。

根据前面的检验结果，既然提高职工薪酬可以带来企业成本的降低，也就是企业毛利的增加，那么降低职工薪酬必然可能带来相反的结果，即降低企业人工成本可能带来企业成本的浪费，也不能激励员工积极工作，造成生产效率低下，从而造成企业利润和社会经济效益的流失。为此提高职工薪酬可能带来的效益，作一下假设：

假设8a：员工薪酬越高，企业 ROA 越高；

假设8b：员工薪酬越高，越有利于企业价值创造；

假设8c：员工薪酬越高，资产报酬率越高。

以企业 ROA 为因变量，以普通职工薪酬为自变量，分别以全体样本、国企、民营和外资企业样本进行回归，结果见表2-26。表中数据显示，除了外资企业外，其他样本员工薪酬均在1%的水平上与 ROA 显著正相关，外资企业普通职工薪酬与 ROA 正相关，但不显著。说明目前我国国企和民营企业中，随着企业职工薪酬水平的提高，可以显著提高企业资产报酬率，也说明我国国企和民营企业职工薪酬还有提升的空间，应适当提升工人工资，提高劳动生产率，增加企业盈利。而外资企业职工薪酬已经到了增加 ROA 的极限，没有继续增长的空间。

表2-26　　　　　普通职工薪酬与资产收益率（因变量：ROA）

ROA	全部	国企	民营	外资
（常量）	-0.049***	-0.092***	-0.105***	-0.192***
	(-2.808)	(-3.196)	(-3.422)	(-2.588)

续表

ROA	全部	国企	民营	外资
WPay1	0.084 ***	0.016 ***	0.015 ***	0.009
	(8.952)	(5.787)	(6.558)	(1.643)
Size	-0.043 ***	-0.003	-0.002	0.006
	(-2.926)	(-1.685)	(-1.241)	(1.447)
NumE	0.057 ***	0.007 ***	0.004 ***	0.005
	(4.299)	(3.594)	(2.84)	(1.418)
LEV	-0.174 ***	-0.082 ***	-0.041 ***	-0.092 ***
	(-19.748)	(-12.195)	(-7.666)	(-7.606)
CFO	0.171 ***	0.085 ***	0.198 ***	0.326 ***
	(22.487)	(5.596)	(17.352)	(12.434)
YEAR	控制	控制	控制	控制
行业	控制	控制	控制	控制
adj R^2	0.077	0.046	0.084	0.412
F	54.933 ***	13.540 ***	23.101 ***	16.141 ***
N	18114	7248	6780	453

注：(1) 所有变量的定义见表2-7；(2) ***，** 和 * 分别表示在1%，5% 和 10% 的水平上显著。

表2-27是以企业单位资产价值创造为因变量，选取普通职工薪酬为自变量，分别是基于全体样本、国有企业样本、民营企业样本和外资企业样本进行回归的结果。回归结果数据显示，无论国有企业、民营企业还是外资企业，普通职工薪酬都与企业单位资产的价值创造（价值创造/平均资产）正相关，均在1%的水平上显著。说明普通职工薪酬水平越高，越有利于企业资产效用的发挥。

表2-27 普通职工薪酬与单位资产价值创造（因变量：单位资产价值创造）

PAVC	全部	国企	民营	外资
（常量）	0.249 ***	0.144 ***	0.105 ***	-0.007
	(11.195)	(4.148)	(2.701)	(-0.058)
WPay1	0.085 ***	0.085 ***	0.085 ***	0.074 ***
	(46.88)	(26.137)	(28.853)	(7.803)
Size	-0.071 ***	-0.068 ***	-0.067 ***	-0.055 ***
	(-58.584)	(-30.726)	(-32.718)	(-8.474)
NumE	0.074 ***	0.073 ***	0.071 ***	0.071 ***
	(64.584)	(33.199)	(39.539)	(12.697)

续表

PAVC	全部	国企	民营	外资
LEV	-0.038 *** (-8.646)	-0.073 *** (-9.064)	0.002 *** (0.328)	-0.051 ** (-2.51)
CFO	0.3 *** (31.115)	0.234 *** (12.79)	0.308 *** (21.384)	0.535 *** (12.027)
YEAR	控制	控制	控制	控制
行业	控制	控制	控制	控制
adj R^2	0.306	0.239	0.313	0.590
F	286.393 ***	82.143 ***	111.290 ***	32.079 ***
N	18114	7248	6780	453

注：(1) 所有变量的定义见表2-7；(2) ***，** 和 * 分别表示在1%，5% 和10%的水平上显著。

表2-28是以企业人均价值创造为因变量，以普通职工薪酬指标为自变量，分别是基于全体样本、国有企业样本、民营企业样本和外资企业样本进行回归的结果。表中数据显示，无论国有企业、民营企业还是外资企业，普通职工薪酬指标都与企业人均价值创造（价值创造/职工总数）正相关，且都在1%的水平上显著。说明普通职工薪酬水平越高，越有利于企业员工能动性的发挥，能够提高生产效率，创造更多的价值。

表2-28　　普通职工薪酬与人均价值创造（因变量：人均价值创造）

PLVC	全部	国企	民营	外资
（常量）	-1.863 *** (-20.085)	-2.266 *** (-17.86)	-2.923 *** (-17.254)	-1.91 *** (-3.099)
WPay1	0.546 *** (72.528)	0.56 *** (47.378)	0.552 *** (43.098)	0.418 *** (9.029)
Size	0.545 *** (107.175)	0.549 *** (67.95)	0.582 *** (65.417)	0.641 *** (20.189)
NumE	-0.508 *** (-106.65)	-0.498 *** (-62.20)	-0.502 *** (-63.769)	-0.589 *** (-21.53)
LEV	-0.331 *** (-18.155)	-0.494 *** (-16.79)	-0.125 *** (-4.27)	-0.158 (-1.575)
CFO	1.551 *** (38.552)	1.643 *** (24.579)	1.393 *** (22.119)	2.169 *** (9.932)
YEAR	控制	控制	YEAR	控制

续表

PLVC	全部	国企	民营	外资
行业	控制	控制	行业	控制
adj R²	0.750	0.800	adj R²	0.849
F	1936.633***	1037.833***	F	122.538***
N	18114	7248	N	453

表2-29是以资产利用效率为因变量,以普通职工薪酬指标、高管薪酬指标、薪酬差距指标为自变量,分别是基于全体样本、国有企业样本、民营企业样本和外资企业样本进行回归的结果。表中数据一方面显示,无论国有企业、民营企业还是外资企业,普通职工薪酬和高管薪酬都与企业平均资产价值创造(价值创造/平均资产)在1%的水平上显著正相关,说明企业员工薪酬越高,越有利于提高企业的资产利用效率;另一方面,薪酬差距在民营和外资企业里都与单位资产价值创造显著负相关,薪酬差距扩大不利于企业资产利用率的提高,而在国有企业二者没有显著关系,说明在国有企业,薪酬差距设计还比较合理。总体来讲,在我国企业中,适当提高职工薪酬,无论是高管薪酬还是普通职工薪酬,都有利于企业资产利用效率的提升。

表2-29 普通职工薪酬、高管薪酬、薪酬差距与资产利用效率

LVCOA	全部	国企	民营	外资
(常量)	0.118***	0.033	0.066	-0.082
	(5.285)	(0.885)	(1.641)	(-0.604)
WPay1	0.075***	0.078***	0.074***	0.06***
	(36.76)	(21.391)	(21.738)	(5.423)
Mpay	0.02***	0.019***	0.017***	0.029***
	(12.746)	(6.9)	(6.399)	(2.985)
MPG1	-0.001**	0	-0.002**	-0.004**
	(-2.34)	(0.189)	(-2.485)	(-2.08)
Size	-0.073***	-0.07***	-0.068***	-0.058***
	(-59.63)	(-31.45)	(-33.02)	(-8.886)
NumE	0.07***	0.07***	0.068***	0.066***
	(60.754)	(31.446)	(36.388)	(11.371)
LEV	-0.031***	-0.063***	0.005	-0.045**
	(-7.042)	(-7.797)	(0.73)	(-2.191)
CFO	0.296***	0.229***	0.315***	0.529***
	(30.641)	(12.544)	(21.637)	(11.901)
YEAR	控制	控制	控制	控制

续表

LVCOA	全部	国企	民营	外资
行业	控制	控制	控制	控制
adj R²	0.314	0.244	0.319	0.597
F	276.521***	79.023***	107.029***	30.146***
N	18114	7248	6780	453

注：(1) 所有变量的定义见表2-7；(2) ***，** 和 * 分别表示在1%，5%和10%的水平上显著。

表2-30是以人均普通职工价值创造为因变量，以普通职工薪酬指标、高管薪酬指标、薪酬差距指标为自变量，分别是基于全体样本、国有企业样本、民营企业样本和外资企业样本进行回归的结果。

表2-30　普通职工薪酬、高管薪酬、薪酬差距与人均普通职工价值创造

人均普通职工价值创造	全部	国企	民营	外资
（常量）	-2.506*** (-26.877)	-3.058*** (-22.399)	-3.244*** (-18.57)	-2.722*** (-4.151)
WPay1	0.499*** (58.8)	0.519*** (39.575)	0.514*** (34.516)	0.32*** (6.034)
Mpay	0.115*** (17.732)	0.124*** (12.583)	0.075*** (6.592)	0.233*** (5.018)
MWPG	-0.001 (-0.658)	0.002 (1.235)	0.001 (0.366)	-0.025*** (-2.853)
Size	0.539*** (106.353)	0.537*** (67)	0.576*** (64.597)	0.614*** (19.555)
NumE	-0.54*** (-112.071)	-0.519*** (-64.741)	-0.521*** (-64.081)	-0.63*** (-22.636)
LEV	-0.288*** (-15.791)	-0.427*** (-14.573)	-0.101*** (-3.451)	-0.095 (-0.955)
CFO	1.519*** (37.85)	1.616*** (24.5)	1.415*** (22.322)	2.099*** (9.804)
YEAR	控制	控制	控制	控制
行业	控制	控制	控制	控制
adj R²	0.757	0.806	0.715	0.857
F	1881.021***	1001.963***	567.271***	119.167***
N	18114	7248	6780	453

注：(1) 所有变量的定义见表2-7；(2) ***，** 和 * 分别表示在1%，5%和10%的水平上显著。

第八节　结论、启示与政策含义

一、研究结论

本章选取了 2010—2017 年 A 股上市公司为样本，研究发现：(1) 普通职工薪酬与企业经营成本显著负相关，即职工薪酬的增长可以促进企业节约成本；相反，压低职工工资水平并不能带来企业经营成本的降低。(2) 高管薪酬和薪酬差距都与企业期间费用显著正相关，说明提高高管薪酬、扩大薪酬差距并不能缓解代理成本，相反却助长了高管的在职消费。(3) 普通职工薪酬越高，越有利于企业价值创造，提高职工薪酬，可增加企业盈利，带来社会经济效益。

综合以上研究结论，证明我国上市公司中压低职工工资并不能起到降低企业成本的效果，现实可能相反；也说明我国企业职工薪酬有进一步提升的空间，职工薪酬的提升，可以提高企业职工的工作积极性，激发工作热情，提高生产效率，降低企业经营成本，促进企业更高效地创造更多的新价值，以及提高资产配置效率。但是应该注意的一点是，企业高管薪酬和职工薪酬应保持同一幅度提升，否则会造成企业内部高管与职工薪酬差距的扩大，从而给职工带来不公平感，显著降低职工的工作热情，影响企业的生产效率。

二、研究启示

正是由于人工成本的双重属性，决定了企业既要控制人工成本又要灵活运用好薪酬的激励性能，发挥薪酬的激励效应。薪酬激励与人工成本就是一对矛盾的统一体，人工成本是刚性的，而薪酬激励则是弹性的，它们二者之间如何权衡是管理的艺术所在，而员工薪酬和人工成本又受到企业性质、行业特征、市场竞争、政策环境等因素的影响，也就决定了不同国家、不同时期的人工成本不同。而在特定时期、特定条件下人工成本的高低仍会存在一个合理区间，管理的目的就在于优化企业职工薪酬设计和人工成本预算，使之能够在一个最优的区间。也说明我国绝大部分企业目前的人均薪酬较低，人均投入产出比较高，此时企业可适当提升员工薪酬水平，提升员工工作满意度、幸福感和认同感，从而提高企业的业绩，提高企业会计绩效和社会效益。

三、政策含义

借鉴卢中华、王玲（2020）提出的集群高质量发展需构建以"产业政策、财税

政策、土地政策、试点政策"为核心的政策体系的观点①,本章的理论分析与实证检验可能有以下几个方面的政策含义:

第一,中央把"降成本"作为结构性改革的五大任务之一,为企业发展所急需。但目前企业成本较高的原因,通过验证分析可明显看出并不能简单归纳为人工成本高造成的结果,人工成本与其他项目成本相比并不高,要降低企业成本,不但不能通过压低职工工资实现,相反还要酌情提高职工工资,发挥好职工薪酬的激励效应,才有可能起到总体降低企业成本的作用,达到降本增效的目的。由此,在降成本这个重要环节,想通过简单地缩减人工成本来降低企业经营成本的做法是难以行得通的,更应该从企业其他项目成本入手。

第二,在我国企业内部扩大高管员工与普通员工的薪酬差距并不能缓解代理问题,相反会造成更高的在职消费;薪酬差距的扩大带来的不公平感,显著降低了职工的工作热情,造成生产过程中的成本消耗增加,降低了企业职工的生产效率和资产利用效率,造成企业显著的期间费用增加。这是对十九大报告"缩小收入分配差距"政策的理论和经验数据支持。而以上两点是对十九大报告"缩小收入差距""坚持在劳动生产率提高的同时实现劳动报酬同步提高"的政策支持。

第三,本章的证据表明,我国企业员工薪酬相对还比较低,还有较大的提升空间,因此应该适当扩大企业成果分配中职工分配的比例,从而提高职工收入水平,尤其是普通职工收入水平,以不断缩小收入分配差距。

参考文献

[1] 卢锐,魏明海,黎文靖. 管理层权力、在职消费与产权效率——来自中国上市公司的证据 [J]. 南开管理评论,2008(05):85—92.

[2] 卢锐. 管理层权力、薪酬与业绩敏感性分析——来自中国上市公司的经验证据 [J]. 当代财经,2008(07):107—112.

[3] 权小锋,吴世农,文芳. 管理层权力、私有收益与薪酬操纵——国有上市企业的实证证据 [EB/OL]. 中国金融学术研究网,2010-05.

[4] 姚瑶. 管理者权力影响薪酬差距的锦标赛激励效应吗?——基于我国A股上市公司的经验证据 [D]. 厦门:厦门大学硕士学位论文,2009.

[5] 树友林. 高管权力、货币报酬与在职消费关系的实证研究 [J]. 经济学动态,2011(05):86.

[6] 蒋义宏,魏刚. 净资产收益率与配股条件——证券市场会计问题实证研究 [M]. 上海:上海财经大学出版社,1998.

[7] 陆建桥. 中国亏损上市公司盈余管理实证研究 [J]. 会计研究,1999

---

① 卢中华,王玲. 商贸物流集群高质量发展研究 [M]. 北京:经济科学出版社,2020:15.

(09): 25—35.

[8] 孙铮, 王跃堂. 资源配置与盈余操纵之实证研究 [J]. 经济研究, 1999 (04): 4—10.

[9] 刘斌, 刘星, 李世新, 何顺文. CEO 薪酬与企业业绩互动效应的实证检验 [J]. 会计研究, 2003 (03): 35—40.

[10] 王跃堂. 会计政策选择的经济动机——基于沪深股市的实证研究 [J]. 会计研究, 2000 (12): 31—40.

[11] 陈致平. 企业盈余管理动因分析 [N]. 中国财经报, 2001-10-11.

[12] 王志超. 公司控制权、高管报酬与盈余管理 [D]. 长春: 吉林大学硕士学位论文, 2007.

[13] 师兰芳. 基于管理层激励视角的我国上市公司盈余管理研究 [D]. 苏州: 苏州大学硕士论文, 2008.

[14] 罗宏, 黄文华. 国企分红、在职消费与公司业绩 [J]. 管理世界, 2008 (09): 38—48.

[15] 陈冬华, 陈信元, 万华林. 国有企业中的薪酬管制与在职消费 [J]. 经济研究, 2005 (02): 92—101.

[16] 罗进辉, 万迪昉. 大股东持股对管理者过度在职消费行为的治理研究 [J]. 证券市场导报, 2009 (06): 64—70.

[17] 陈冬华, 梁上坤. 在职消费、股权制衡及其经济后果——来自中国上市公司的经验证据 [J]. 上海立信会计学院学报, 2010 (01): 19—27.

[18] Brian K. Boyd. Board Control and CEO Compensation [J]. Strategic Management Journal, 1994 (15): 335-344.

[19] Martin J. Conyon, Simon I. Peck.. Board Control, Remuneration Committees, and Top Management Compensation [J]. Academy of Management Journal, 1997, 41 (02): 146-157.

[20] Mary Ellen Carter, Luann J. Lynch. An Examination of Executive Stock Option Repricing [J]. Journal of Financial Economics, 2001 (61): 207-225.

[21] Lucian Arye Bebchuk., Jesse M. Fried, and David I. Walker. Managerial Power and Rent Extraction in the Design of Executive Compensation [J]. University of Chicago Law Review, 2002 (69): 751-846.

[22] Marianne Bertrand, Sendhil Mullainathan. Are CEOs Rewarded for Luck? The Ones without Principles Are [J]. The Quarterly Journal of Economics, 2001 (16): 901-932.

[23] Cheng S.. Managerial Entrenchment and Loss shielding in Executive Compensation [R]. University of Michigan Working Paper, 2005.

[24] Watts R. L., Zimmerman J L. Towards a Positive Theory of the Determination of Accounting Standards [J]. The Accounting Review. 1978 (53): 112-134.

[25] Healy P. M. The Effect of Bonus Schemes on Accounting Decisions [J]. Journal of Accounting and Economics, 1985 (07): 85-107.

[26] Holthausen R. W., Larcker D. F., and Sloan R. G.. Annual Bonus Schemes and the Manipulation of Earnings [J]. Journal of Accounting and Economics, 1995 (19): 29-74.

[27] Flora Guidry, Andrew J. Leone, and Steve Rock. Earnings-based Bonus Plans and Earnings Management by Business-unit Managers [J]. Journal of Accounting and Economics, 1999, 26 (01-03): 113-142.

[28] Eitan Goldman, Steve L Slezak. An Equilibrium Model of Incentive Contracts in the Presence of Informanation Manipulation [J]. Journal of Financial Economics, 2006, 80 (03): 603-626.

[29] Coles J. L., Hertzel M., and Kalpathy S.. Earnings Management around Employee Stock Option Reissues [J]. Journal of Accounting and Economics, 2006, 41 (01-02): 173-200.

[30] Bergstresser D., Philippon T.. CEO incentives and Earnings Management [J]. Journal of Financial Economics, 2006, 80 (03): 511-529.

[31] Grossman S. J., Hart O. D.. Takeover Bids, the Free-rider Problem, and the Theory of the Corporation [J]. The Bell Journal of Economics, 1980, 11 (01): 42-64.

[32] Jensen M. C., Meckling W. H.. Theory of the Firm: Managerial Behavior, Agency Costs and Ownership Structure [J]. Journal of Financial Economics. 1976, 3 (04): 305-360.

[33] Jensen M. C. Agency Costs of Free Cash Flow, Corporate Finance, and Takeovers [J]. American Economic Review, 1986, 76 (02): 323-329.

[34] Rosen, Sherwin. Does the Composition of Pay Matter? In Employee Benefits and Labor Markets in Canada and the United States, William T. Alpert, and Stephen A. Woodbury, eds. Kalamazoo, MI: W. E. Upjohn Institute for Employment Research, 2000: 13-30.

[35] Raghuram G Rajan, Julie Wulf. Are Perks Purely Managerial Excess? [J]. Journal of Financial Economics, 2006, 79 (01): 1-33.

[36] Anthony M. Marino, Ján Zábojník. Work-Related perks, Agency Problems, and Optimal Incentive [J]. The RAND Journal of Economics, 2008, 39 (02): 565-585.

[37] David Yermack. Flights of Fancy: Corporate Jets, CEO Perquisites and Inferior Shareholder Returns. Journal of Financial Economics, 2006, 80 (01): 211 -242.

[38] Kevin CW Chen, Tai - yuan Chen and Kai Wai Hui. CEO Perquisites and Family Firms [R]. Working pape, Hong Kong University of Science and Technology, 2009.

第三章

薪酬差距扩大与员工收入损失

抗击新冠肺炎疫情展现出中国人的大局观、义利观、奉献精神和集体行动力，国人强调"义"，注重集体利益、国家利益和社会奉献精神，而西方人则注重自己的私利、个人的权利等。西方管理哲学重在逐利的渊源由此映射，而东方传统管理哲学根深于中国文明，则必然强调"以义制利、先义后利"，注重"义利合一"。因此在我国激励人们积极工作的并不仅仅是经济利益，或者说经济利益并不总是第一位的，这与西方国家重在追逐私利的工作目标明显不同。因此相同的激励机制对我国企业员工的激励效果也应该与西方国家不同。党的十九大报告提出要缩小收入分配差距、坚持在劳动生产率提高的同时实现劳动报酬同步提高，坚持按劳分配原则，促进收入分配更合理、更有序。这意味着分配要注重公平，收入分配改革要更多地体现劳动的价值。企业职工收入分配的合理与公平主要由薪酬制度中的薪酬差距设计决定。我国很多企业引入了西方的薪酬差距激励机制，近几年薪酬差距在不断拉大，这不利于实现和谐发展和共同富裕，也与我国传统文化中的"义利观""均平"观等相背离。因此有必要以中国企业文化环境为基础，分析探讨薪酬差距激励机制在我国企业的实际实施效果和激励传导机制，深入探究激励积极效果的来源渠道或者激励负效果造成的损失，以进一步探讨在中国企业文化环境下，怎样的薪酬激励机制是最有效的。

对于企业内部薪酬差距的激励作用，现有文献存在两种竞争性解释：锦标赛理论（Lazear 和 Rosen, 1981；Rosen, 1986）和行为理论（Cowherd 和 Levine, 1992；Williams, 1995；Carpenter 和 Sanders, 2004；Williams 等, 2006），它们从相反的角度解释企业内部薪酬差距的不同经济后果。锦标赛理论认为高报酬能够激励企业职工努力工作，而行为理论认为企业内部职工薪酬差距会使职工感到不公平，降低工作积极性。目前的研究主要集中在企业薪酬差距对企业会计业绩的影响上。我国有一部分学者关注企业内部薪酬差距的理论解释与经济后果，另一部分学者关注高管团队内部的薪酬差距与业绩的关系（林浚清等，2003；陈振、张鸣，2006；张正堂，2008），研究结果存在正相关关系、负相关关系和非线性关系三种情况。这表明高管职工薪酬差距影响企业业绩的内在机理比较复杂，社会各界对此可能还没有很清晰的认识。

显然，现有的文献研究只是分析了由于薪酬差距存在而产生的外在现象。支持锦标赛理论的研究仅是发现高管与职工的薪酬差距与企业业绩正相关，这只是一种现象；社会比较理论研究的是企业存在的巨大薪酬差距可能会带来严重的社会分配不公问题，这是显而易见的；而内部薪酬差距可能并不激励高管方面，只是探讨了产生薪酬差距的原因可能只是在于薪酬设计这一制度安排。因此前期的研究仅考察了薪酬差距与企业业绩、分配公平与否的直接关系，并没有对薪酬差距如何提升或降低企业业绩的内在机理进行更深入的考察和理论阐释。

具体来讲，一些重要问题还没有在薪酬差距研究的框架内得到回答。例如，如果薪酬差距有正向激励效应的话，激励效应源自哪里？如果薪酬差距没有正向激励效应的话，是否存在效应损失？而这个损失又是怎样的？由此需要找出以下问题的答案：拉大薪酬差距，高管和职工是否都会更加努力工作，从而提升生产效率创造更多价值？对高管而言，薪酬差距的扩大真的能够降低代理成本、减少在职消费吗？对职工而言，过高的薪酬差距是否带来不公平感，从而降低了努力工作的动力？薪酬差距拉大是为社会创造更多价值还是会造成社会效益损失？即在薪酬差距与业绩正相关的研究中，薪酬差距通过什么渠道促进企业业绩增长？薪酬差距没有激励效果或者造成财务分配不公平的现象后，具体会对社会造成怎样的损失？而此时扩大内部薪酬差距，高管的高报酬又来源于哪里？

马克思的劳动二重性原理，决定了职工薪酬分配的特殊性在于它既是企业分配的重要部分，也是企业成本的重要构成内容。企业职工薪酬的提高，一方面增加了企业成本，但另一个重要的方面在于能够激发职工的工作热情，而这种激励直接决定了职工的工作效率和对于生产成本的控制和节约。因此分析企业职工薪酬分配机制可以从成本构成和价值分配两个维度来全面分析它的合理性。由此，本章将基于马克思劳动价值论和中国企业的传统文化环境，通过对企业高管与员工薪酬差距激励效应的深入研究，分析探讨薪酬差距激励理论在中国企业的实施效果，并重点研究"激励效应"的来源渠道（或者是造成的社会损失），以进一步探讨在中国传统文化思想环境下，能否照搬西方的薪酬差距管理理论，以及什么样的薪酬激励机制是最适合中国企业的，以期为我国薪酬制度的改革提供经验证据。

本章以我国 2010—2017 年的上市公司数据考察企业内部职工薪酬差距对高管和职工的不同激励效应来源，或者是社会效应损失。结果表明：（1）我国企业内部职工薪酬差距的拉大并不能够激励高管；（2）相反，薪酬差距的拉大带来的不公平感显著影响职工的工作热情，降低企业价值创造的生产效率，造成显著的社会效应损失；（3）过大的薪酬差距带来的企业会计绩效增长来源于对普通职工薪酬的挤压。

本章有以下几方面贡献：第一，深入研究了企业内部高管职工薪酬差距影响企业会计业绩的内在机理，分别考察了薪酬差距拉大"促进"企业会计业绩增长时的激励效应来源和薪酬差距拉大不但不能激励员工生产积极性，反而降低生产效率时产生的社会效应损失，对现有研究薪酬差距和企业业绩的文献有所推进；第二，基于管理者权利薪酬设计假说，提供了薪酬差距与企业普通职工薪酬之间显著负相关的证据，从另一角度揭示了拉大薪酬差距的后果是挤占普通员工薪酬，从而造成普通职工收入的相对下降；第三，研究结果表明企业内部高管员工薪酬差距过大，会显著造成社会效应损失，无论对企业还是普通职工而言均带来负向影响，比相关文献有所突破。为十九大报告提出的坚持在劳动生产率提高的同时实现劳动报酬同步提高、缩小收入分配差距等提供了理论和证据的支持。本章研究有着强烈的政策含义，同时，对于讨论高管薪酬管制的文献提供了不同的分析视角。

第一节 文献回顾与研究问题

一、有关薪酬差距激励作用的文献回顾

国外已有文献主要通过行为理论和锦标赛理论来解释薪酬差距的激励作用。锦标赛理论认为有差异的薪酬能够激励参与者为了高报酬而努力工作。该理论认为企业内部职工的晋升类似于锦标赛，薪酬差距可以视为职工赢得锦标赛的一种奖励。预期职工获胜晋升后获得的奖励越高，越能够激励其他职工，进而提高企业业绩（Lazear 和 Rosen，1981；Rosen，1986），因此预期企业职工薪酬差距与企业绩效正相关，众多研究验证了这一预期（Lambert 等，1993；Main 等，1993；Erickson，1999）。而行为理论更强调公平，在大部分情况下人们偏好公平，即不仅关注自己的收益，还通过与他人收益进行比较关注收益分配是否公平。该理论认为如果高管员工薪酬差距过大，则普通员工将产生心理落差，降低工作积极性。普通员工对薪酬满意度下降的同时，还会滋生不满情绪，导致其对组织目标漠不关心，从而企业凝聚力下降，进而影响企业业绩。研究职工薪酬满意度的大多数文献表明，相对于实际收入水平，薪酬攀比对职工满意度更具有解释力（Williams，1995；Williams 等，2006）。

我国关于内部薪酬差距与企业业绩关系的研究，存在三种结论：

一是大部分研究支持锦标赛理论（正向关系）。周权雄、朱卫平（2010）的研究表明，地方国有企业的高管员工薪酬差距与企业业绩显著正相关，他们认为扩大薪酬差距会促进高管努力工作赢得锦标赛激励。刘春、孙亮（2010）也以国企数据为基础发现企业高管和职工之间的薪酬差距与企业业绩显著正相关，同样认为企业业绩的提高是因薪酬差距拉大提高了高管积极性。李绍龙等（2012）的研究也发现高管团队垂直薪酬差距与企业绩效呈正相关。黎文靖等（2014）基于高管外部薪酬差距进行研究，发现当高管薪酬高于行业平均薪酬时，高管外部薪酬差距能提高非国有企

业绩，但在国有企业没有这个激励效果，原因可能是国有企业高管的经理人市场受到政府管制。刘敏和冯丽娟（2015）对民营企业的研究发现，高管内部薪酬差距能够促进企业增加投资和提高业绩。胥佚萱（2010）和钱明辉等（2017）的研究也发现，扩大企业内部薪酬差距，无论是高管团队内部差距还是高管薪酬与员工薪酬的差距，都有利于企业业绩的提高。

二是部分研究支持行为理论（负相关关系）。张正堂（2008）的研究结果显示，高管与员工的薪酬差距与国有企业的未来业绩显著负相关。夏宁和董艳（2014）的研究表明，高管员工薪酬差距会降低公司成长性，但企业规模对此具有调节作用，当企业规模扩张时，薪酬差距加大与企业业绩增长正相关。黎文靖、胡玉明（2012）研究表明，如果内部薪酬差距来源于管理层权力，那它可能更多地表现为高管的一种机会主义行为，必然缺乏正向的激励效应。张泽南、马永强（2014）和张兴亮、夏成才（2016）的研究也表明，过高的薪酬差距会降低企业的业绩。

三是有小部分研究支持非线性关系。也有一些学者提出，行为理论和锦标赛理论具有互补性，特别是在解释企业职工薪酬差距与企业绩效之间关系时。王怀明、史晓明（2009）和缪毅、胡奕明（2014）的研究表明，企业内部薪酬差距对企业绩效的影响呈现并非线性关系，企业业绩随着薪酬差距的拉大表现为先升后降。陈德球和步丹璐（2015）的研究表明，就高管对企业薪酬而言，其差距拉大受管理层能力和管理层权力两个方面的影响，管理层能力引起的薪酬差距扩大与企业业绩显著正相关，而管理层权力引起的薪酬差距扩大与企业业绩显著负相关。而高良谋和卢建词（2015）的研究表明，高管员工薪酬差距与企业业绩之间并非直线关系，而是呈现先上升后下降的倒"U"形关系。

二、薪酬差距激励作用的文献评述与企业绩效衡量指标选择

（一）文献评述

通过以上文献回顾不难发现，现有关于"高管薪酬激励与企业业绩之间相关关系"的研究还没有一致的结论，并且现有文献仅限于对薪酬差距的经济后果与理论解释的研究：支持锦标赛理论的研究仅发现"高管与职工的薪酬差距与企业业绩正相关"；在行为理论方面其研究结论仅是：企业内部存在巨大的高管薪酬差距，会带来严重的社会分配不公问题；在内部薪酬差距可能并不激励高管方面，只是探讨了"产生薪酬差距的原因在于薪酬设计"。也就是说，上述研究仅考察了薪酬差距与企业会计业绩的直接关系，但并没有深入探讨和阐释薪酬差距如何提升企业绩效的内在机理，或者薪酬差距引起的社会分配不公会造成什么样的经济后果。而这些恰恰是薪酬差距对企业绩效影响的根源和制定修改相关政策的依据。

（二）企业业绩衡量指标选择

以上关于薪酬差距激励效应并无一致研究结论的原因是多方面的，其中一项重要

的原因在于对企业绩效的度量指标存在较多的选择。

激励研究的一个难题是与职工薪酬激励相关的企业绩效的可度量性以及度量指标的选取，如何进行公司业绩度量也一直是理论争论的一个焦点问题（鲁海帆，2006）。目前国内外研究中主要采用三种业绩基础进行绩效度量，分别是基于会计的指标、基于市场的指标以及相对业绩指标。另外，绩效指标衡量标准即使在同一基础下也不同。例如，以市场为基础的业绩指标有托宾 Q 值、股票价格等；以会计为基础的有总资产收益率、净资产收益率等业绩指标，但其是否具有代表性值得商榷，会计收益率高，仅代表企业自身为股东的获利较高，基于股东利益的企业资产运转效率较高，另外再加上管理层利润操纵等问题的存在，会计收益率高并不能代表职工薪酬差距就能够提高员工工作效率。

如果薪酬差距能够起到激发管理者工作热情的作用，充分发挥职工工作积极性，同时能够提高员工工作效率的话，那么，更具有信息含量的指标应该是企业全体员工（高管和普通员工）所新创造的价值指标。因为根据马克思劳动价值论，活劳动是创造价值的唯一源泉，活劳动创造新价值，因此企业新增价值部分才是企业劳动者创造的价值。如果薪酬差距能够激励高管和职工、提高工作效率，最终应该表现为企业新增价值的提升。所以本章将根据马克思劳动价值论，以企业全部职工新创造的价值作为薪酬激励效果评价的指标之一。

三、研究问题的提出

要更深入地理解企业内部薪酬差距的经济后果，考察内部薪酬差距影响企业业绩的内在机理，重要的问题是：如果薪酬差距有激励效应，薪酬差距激励效应的来源是什么？是费用的降低还是收入的提高？如果薪酬差距没有激励效应，薪酬差距拉大会不会造成损失或造成怎样的损失，已有文献研究结论中的薪酬差距引起企业业绩增长的来源是什么？是什么引起企业业绩增加？

薪酬差距的决定因素不同会导致薪酬差距效果不同。如果管理层权力下的薪酬制度设计是影响薪酬差距产生的主要原因，在企业人工成本的总量需要控制的情况下，薪酬差距拉大一方面提高了高管薪酬，另一方面则可能相对缩减了普通员工的报酬，那么这个差距也就一方面可能激励高管，另一方面更多地影响普通职工的工作积极性，由此企业内部薪酬差距对企业绩效的影响，并不能单方面地仅用锦标赛理论解释，或者只用社会比较理论解释，或许把二者结合起来更具有解释力。因此，要考察薪酬差距的激励作用是否符合我国企业文化环境和现实情况，不仅需要考察薪酬差距与业绩的关系，还要进一步分别考察薪酬差距对于高管的激励效应和对于普通职工的激励效应，以及激励效应来源或者激励效应损失。这正是本章的研究重点。

四、本章将进行的研究工作

基于上述分析，本章在已有文献研究基础上，基于马克思的劳动价值论和中国文化传统，进一步考察薪酬差距对于高管的激励效果和对于职工工作效率的影响、激励正效果的来源或者激励负效果的效应损失以及高管高报酬的来源，以期深入讨论锦标赛理论和社会比较理论对我国国企的适用性。

本章将进行以下研究工作：第一，重新考察企业高管与职工薪酬差距与企业会计业绩的关系；第二，考察薪酬差距与企业劳动生产效率的关系及其对企业新创造价值的影响；第三，考察薪酬差距是否可以缓解代理问题；第四，考察在企业人工成本总量需要控制的情况下，拉大薪酬差距时高管高薪酬的来源，解释高管薪酬差距的成因，并分析薪酬差距带来的企业业绩增长与普通职工薪酬的关系，解释企业业绩增长的来源渠道；第五，进行一系列的附加检验、内生性检验与稳健性检验。

第二节 理论阐释与研究假设

一、薪酬差距与企业会计业绩

本章此处验证这一关系作为下一步的分析基础。企业会计业绩——资产收益率（ROA）是一个综合指标，由于影响它的因素很多，其数据可能是很多噪音影响的结果。更为重要的是，企业内部薪酬差距与企业会计业绩可能天然存在一个正相关关系。国企市场化改革使高管薪酬与企业会计业绩密切相关（辛清泉、谭伟强，2009），而市场化改革背景下的薪酬制度变革更多集中在高管一方，企业职工薪酬与企业业绩的关系低于高管薪酬与企业业绩的关系（方军雄，2011），因此，ROA越高，高管与职工的薪酬差距必然会越大。基于以上分析，提出下面的假设：

假设1：薪酬差距与企业会计业绩具有正相关性。

二、职工薪酬分配的公平感与激励效应

（一）集体主义和平均主义对我国社会各方面影响颇深

黎文靖（2012）指出，虽然大部分关于企业内部薪酬差距与企业会计业绩的实证研究结果支持锦标赛理论，但这与我国的传统文化中强调集体主义、平均主义的社会共识存在矛盾。在我国文化中占据主流地位的儒家思想支持一种等级制下的"均平"，即民众生活和财富的大致平等。孔子说"不患寡而患不均""均无贫"。刘清阳（1995）指出，要求实现平均平等社会是我国古代农民起义的核心思想，历代农民起义均体现平均平等思潮，体现了社会民众对"公平""平均""平等"的追求。在这样的历史文化传统背景下，在我国企业中社会比较理论更具解释力。Kim等（2007）的研究表明，中国员工相较于其他国家的员工对收入分配的公平性更加关注，并且只有在他们认为公平分配的情况下对工作的满意度才较高。贺伟和龙立荣（2011）的

研究也都发现职工的实际工资水平与工资满意度无显著相关,部门内的工资攀比对工资满意度有正向影响。

(二) 薪酬分配的公平感与激励效应的国外研究

J. S. Adams(1965)提出公平理论,认为员工收入对员工工作积极性的激励作用主要来自对收入分配的公平感,即员工对于自己和参照对象的收入支出比的主观比较感觉公平比个人的收入支出比更密切。因为人们在关心自己得失的同时,往往还会关心他人的得失,将他人的得失与自己的报酬相比较,从而衡量自己所得的报酬是否公平。当员工感知受到的待遇不公平时,会导致其行为动机和工作效率的下降,甚至出现逆反行为。因此,要激励员工的工作积极性,就必须缩小收入分配差距,尽量让员工感知分配公平。调查和实验均表明,不公平感主要来自经过比较认为自己收入过低,但是,经过比较认为自己收入过高时却很少会产生不公平感。Kahneman(1979)提出的前景理论同样认为大多数人是根据参照点判断个人的得失。Knack 和 Keefer(1997)的研究发现,社会资本越高的国家其收入水平也越高,分配也更平均。Sefa Hayiborl(2015)的研究表明,人们的公平敏感度能够缓和他对公司公平或者不公平的反应,也直接影响他对公司的反对或者支持的倾向。Tae Yeol Kim、Xiao Wan Lin 和 Kwok Leung(2013)的研究表明,员工工作满意度与公平感变化显著相关,在对员工工作满意度的影响程度上,员工公平感的正向变化大于负向变化。

(三) 中国传统文化中"絜矩之道、入世担当"的精神激励能最大限度地激发管理者潜在的能动性和激情

分配公平的评判标准和要求在不同国家有所不同,员工对工作的投入和对工作的满意度,一方面受公平感的影响,另一方面受他们对公平感心理变化的影响。辜俊君(2018)指出:中国传统文化具有的"兼容扬弃、以人为本、絜矩之道、入世担当"四种特质成就了中国人骨子里的自信。李子联(2017)的研究表明,缩小收入分配差距的公平分配制度,能够有效促进社会人力资本积累程度的提高,进而带来经济增长质量的提升。因此,在我国企业中拉大的薪酬差距只能让人们感知受到不公平待遇,影响职工工作积极性,职工消极工作的结果只能造成工作效率降低、成本消耗、成本水平的提高和新创造价值的降低。基于以上分析,提出以下假设:

假设 2:薪酬差距与企业新创造的价值负相关;

假设 2a:人均企业新创造价值与薪酬差距负相关;

假设 2b:企业单位资产产出效率与薪酬差距负相关。

三、薪酬差距与高管在职消费

效率观和代理观是国内外学者们对在职消费的两类观点。效率观强调在职消费的积极效应,认为管理层的在职消费是为了提高工作效率,是管理者的自我激励行为和正常开展工作的需要,因此具备一定的合理性。Rosen(2000)、Rajan 和 Wulf

(2006)、Marino 和 Ján Zábojník（2008）、姜付秀等（2009）、陈冬华和梁上坤（2010）的研究结果支持效率观。

代理观则认为，在职消费是增加代理成本的一种方式，是管理层侵占企业资源的表现，从而造成企业实际经济效果的下降。Grossman 和 Hart（1980）、Jensen 和 Meckling（1976）、Jensen（1986）以及 Yermack（2006）等的研究都支持这种高管在职消费的代理观，认为在职消费是高管实施利益侵占的隐蔽方式，是高管侵吞公司剩余利益的途径。

国内的在职消费研究大多围绕国有企业特殊的制度背景进行。陈冬华、陈信元和万华林（2005）的研究表明在职消费导致薪酬激励的效果减弱；卢锐、魏明海和黎文靖（2008）的研究表明，高管会使用权力影响进行过度职务消费，进而减弱薪酬激励效果。傅颀和汪祥耀（2013）、谢获宝和惠丽丽（2015）的研究证明，高管在职消费作为一种私人收益，意味着其财务成本超过其带来的效率收益，因此在职消费增加代理成本。

国外研究在职消费多是采用调查数据，而国内的研究几乎都使用管理费用中的相关项目值来替代，我国上市公司信息披露中未强制披露在职数据信息，在职消费数据大多属于企业管理费用。由此，内部薪酬差距激励机制不能缓解代理问题，加大内部薪酬差距，不能带来期间费用的降低。基于此提出以下假设：

假设 3b：扩大薪酬差距对期间费用没有抑制作用。

第三节　变量的选择计量与研究模型

一、主变量的选择与计量

（一）资产收益率（ROA）

ROA：资产收益率，又称总资产回报率，是用来衡量单位资产创造净利润的指标。

（二）VC

企业劳动新创造价值（Enterprise Laborers Value Created），企业劳动新创造的价值（财富）＝息税前利润＋工资＋流转税＝工资＋利息＋税收＋利润。依据马克思劳动价值论——价值创造的唯一源泉是活劳动，工人的工资和剩余价值部分都应该是劳动者的劳动创造的，因此企业创造的价值即是企业的增值部分，这与拉克尔系数计算公式中的企业增值额是同一个含义，即增值额＝销售收入－外购商品和劳务－折旧费。借鉴王灿等（2012）"修正后增值额＝息税前利润（EBIT）＋应付职工薪酬＋流转税"的做法，本章企业价值创造的计算式为：

企业劳动新创造价值＝企业运营增值额＝工资＋利息＋税收＋利润＝应支付给职工以及为职工支付的现金＋财务费用＋应支付各项税费＋净利润

应支付的各项税费＝现金流量表中本年度支付的各项税费＋（应付税金账户期末余额－期初余额）

具体采用以下几个指标来衡量 VC：

PVC（人均价值创造）＝ ln（工资＋利息＋税收＋利润）÷平均职工人数

VCOA（平均单位资产价值产出率）＝（工资＋利息＋税收＋利润）÷企业总资产＝劳动者新创造价值 VC／总资产

（三）PeriER

PeriER，即期间费用率（Period Cost Rate）＝期间费用÷营业总成本。具体可以细分为：管理费用比率（Management Expense Ratio，MER）＝管理费用÷营业总成本；销售费用比率（Sales Expense Ratio，SER）＝销售费用÷营业总成本；财务费用比率（Financial Expense Ratio，FER）＝财务费用÷营业总成本。具体计算公式如下：

PeriER（期间费用率）＝（管理费用＋销售费用＋财务费用）÷营业总成本

MER（管理费用率）＝管理费用÷营业总成本

SER（销售费用率）＝销售费用÷营业总成本

FER（财务费用率）＝财务费用÷营业总成本

（四）职工薪酬与人工成本

1. AC：人工总成本（Artificial Cost）。企业成本中的主要构成内容是人工成本。由于在我国较难获取非货币性薪酬数据，同时在整个职工薪酬中非货币性薪酬所占比例相对较少，所以本章在衡量职工薪酬时只考虑货币性薪酬。

2. TRC：人工成本在总成本中的比重 $= \dfrac{\text{应支付给职工以及为职工支付的现金}}{\text{营业总成本}}$

3. Epay：职工薪酬总额，即，全年应该支付给职工以及为职工支付的现金，具体通过下面的公式计算：

职工薪酬总额＝支付给职工以及为职工支付的薪酬＋（应付职工薪酬账户期末余额－期初余额）

回归模型中取自然对数进行标准化。

4. PEPay：人均职工薪酬 $= \dfrac{\text{全年应支付给职工以及为职工支付的现金}}{\text{领取薪酬的在职员工平均人数}}$

回归模型中取自然对数进行标准化。

5. Wpay：普通员工人均薪酬 $= \dfrac{\text{应支付给职工以及为职工支付的现金}}{\text{全年平均职工人数}} - \dfrac{\text{董事、监事及高管年薪总额}}{\text{领取薪酬的董事、监事及高管人数}}$

回归模型中用普通员工人均薪酬的自然对数进行标准化。

6. MPay：高管薪酬，企业高管人均人工成本。

$$高级管理人员人均薪酬 = \frac{高管前3名年薪总额}{3}$$

7. MWPG，企业内部高管与职工薪酬差距，指高管前3名平均薪酬与普通职工平均薪酬的差距，借鉴黎文靖、胡玉明（2012）的算法：

MWPG = MPay − WPay

$$= \frac{高管前3名年薪总和}{3} - \frac{职工薪酬}{职工人数 - 高管人数}$$

企业内部薪酬差距是估算的企业内部薪酬差距的近似测量，大体上表示为企业高管的平均个人薪酬与职工平均个人薪酬之间的差额（黎文靖、胡玉明，2012）。

二、控制变量的选择与计量

借鉴以前相关文献的方法，在模型中引入以下控制变量。

SIZE：公司资产规模，主要从企业资产规模角度考虑对企业成本、收益和价值创造的影响，本章将用总资产的自然对数作为企业规模的控制变量。

NumE：职工人数（Number of Employee），即公司职工规模，主要考虑职工人数对企业收益和新创造价值的影响，用企业职工平均人数的自然对数作为控制变量。

CFO：经营活动现金流量净额，选取企业当年的自由现金流，并用年初和年末的平均资产进行标准化。主要从现金流的角度考虑对企业成本、收益和价值创造的影响。

GROW：企业成长性，一般用主营业务收入增长率表示，主要从企业销售收入增长的角度考虑对企业成本、收益和价值创造的影响。

LEV：财务杠杆，通常用资产负债率表示，等于企业年末总负债除以总资产。主要从偿债能力的角度考虑对企业经营状况的影响。

LHR：第一大股东持股比例。

Sep = 两权分离率（%）。

本书模型中用到的变量及变量内涵解释如表3-1所示。

表3-1　　　　　　　　　模型中用到的变量及其解释

变量	变量定义
ROA	总资产回报率，它是用来衡量每单位资产创造多少利润的指标，企业净利润除以企业平均总资产
VC	企业劳动者新创造的价值，即企业新增价值 = 应支付给职工以及为职工支付的现金 + 财务费用 + 应支付的各项税费 + 净利润，回归模型中取自然对数进行标准化
VCOA	单位资产价值产出率，平均每一单位资产分摊的企业新创造价值，计算式为：企业劳动者新创造的价值 VC ÷ 企业总资产

续表

变量	变量定义
PVC	人均价值创造 = 企业劳动者新创造的价值 VC ÷ 平均职工人数。回归模型中取自然对数来标准化
TRC	人工成本在总成本中的比重 = 应支付给职工以及为职工支付的现金 ÷ 营业总成本
Epay	企业本年度应支付职工薪酬总额。回归模型中取自然对数来标准化
PEPay	人均职工薪酬 = 全年应支付给职工以及为职工支付的现金 ÷ 领取薪酬的在职员工平均人数。回归模型中以职工人均薪酬的自然对数来表示
WPay	普通员工人均薪酬,通过以下公式计算:(应支付给职工以及为职工支付的现金 - 董事、监事及高管年薪总额) ÷ (全年平均职工人数 - 领取薪酬的董事、监事及高管人数)。回归模型中用普通员工人均薪酬的自然对数进行标准化
MPay	高管薪酬,高管前3名平均年薪 = 高管前3名年薪总和 ÷ 3。取自然对数进行标准化
MWPG	企业内部高管与职工薪酬差距,指高管前3名平均薪酬与普通职工平均薪酬的差距,即 MPay - WPay
PeriER	期间费用比率 = 期间费用 ÷ 营业总成本
MER	管理费用比率 = 管理费用 ÷ 营业总成本
SER	销售费用比率 = 销售费用 ÷ 营业总成本
FER	财务费用比率 = 财务费用 ÷ 营业总成本
SIZE	公司规模。以总资产取自然对数来衡量
NumE	职工人数,即公司职工规模。用企业职工平均人数的自然对数表示,主要考虑职工人数对企业收益和价值创造的影响
CFO	经营活动现金流量净额,选取企业当年的自由现金流,并用年初和年末的平均资产进行标准化
LEV	财务杠杆,通常用资产负债率表示,等于企业年末总负债 ÷ 总资产,主要从偿债能力的角度考虑对企业经营状况的影响
Grow	企业成长性,以主营业务收入增长率来衡量
LHR	第一大股东持股比率(%)
Sep	两权分离率(%),是指上市公司的实际控制人拥有的控制权与其所有权之差
ε	误差项

三、研究模型的构建

借鉴黎文靖、胡玉明(2012),谢获宝、惠丽丽(2015),刘春、孙亮(2010)等的做法,根据前面给出的变量定义,构建各研究假设的回归模型如下:

$$ROA_{it} = a_0 + a_1 MWPG_{it} + a_2 SIZE_{it} + a_3 NumE_{it} + a_4 LEV_{it} + a_5 CFO_{it} + a_K \sum Industry + a_J \sum Year + \varepsilon \qquad (模型1)$$

模型(1)中,若 MWPG 前面的系数 a_1 显著大于零,说明高管员工薪酬差距与企业会计利润显著正相关。

$$VC_{it} = b_0 + b_1 MWPG_{it} + b_2 SIZE_{it} + b_3 NumE_{it} + b_4 LEV_{it} + b_5 CFO_{it} + b_K \sum Industry + b_J \sum Year + \varepsilon \quad (模型2)$$

模型（2）中，若 MWPG 前面的系数 b_1 显著小于零，说明高管员工薪酬差距扩大形成的不公平感显著影响职工的工作积极性，抑制并降低企业新创造价值。

$$PeriER_{it} = c_0 + c_1 MWPG_{it} + c_2 SIZE_{it} + c_3 NumE_{it} + c_4 LEV_{it} + c_5 CFO_{it} + c_K \sum Industry + c_J \sum Year + \varepsilon \quad (模型3)$$

模型（3）中，若 MWPG 前面的系数 c_1 大于零，说明高管员工薪酬差距扩大并不能抑制高管的在职消费。

第四节 样本选择与描述性统计

一、样本选取与数据来源

本章选取沪、深两市 2010—2017 年 A 股上市公司的数据作为总体样本，然后去掉金融公司、去掉数据缺失和不全的公司、去除员工数低于 100 的公司，最终得到了由 18114 个年度公司观测值组成的研究样本，其中的财务数据都是选取国泰安数据库（CSMAR）中的数据。

二、描述性统计

表 3-2 是主要变量描述性统计结果，表中上市公司员工平均工资 WPay 最大值是 15.48，最小值是 5.75；高管平均工资 Mpay 最大值是 16.31，最小值是 9.21；企业高管与员工的薪酬差距（MWPG）的最大值是 16.28，最小值是 -15.32，说明在不同公司之间有较大的差距；人均价值创造（PVC）最大值是 17.17，最小值是 6.54，平均每单位资产对应的新创造价值 VCOA 最大值是 7.64，最小值是 0。

表 3-2　　　　　　　　主要变量描述性统计

变量	极小值	极大值	均值	标准差
Epay	13.53	25.55	19.11	1.31
WPay	5.75	15.48	11.43	0.56
Mpay	9.21	16.31	13.12	0.71
MWPG	-15.32	16.28	12.54	2.87
ROA	-0.24	7.25	0.05	0.09
VCOA	0.00	7.64	0.17	0.12
PVC	6.54	17.17	12.35	0.90

续表

变量	极小值	极大值	均值	标准差
PEPay	6.28	15.37	11.45	0.55
SIZE	17.76	28.51	22.11	1.30
NumE	4.61	13.22	7.69	1.25
LEV	0.01	2.61	0.43	0.22
CFO	-1.03	0.93	0.04	0.09
Sep	0.00	59.45	4.42	7.59

数据来源：国泰安数据库。

第五节 实证结果及分析

一、薪酬差距与企业会计业绩的回归结果及分析

以企业高管与职工的薪酬差距为自变量，以企业 ROA 为因变量，分别基于全样本、国有企业样本、民营企业样本和外资企业样本进行回归，回归结果见表 3-3。表 3-3 中薪酬差距对企业会计业绩在全样本、国有企业样本、民营企业样本中均为正向显著影响，但在外资企业是负相关关系，但不显著。说明在我国绝大多数企业中，企业会计业绩与薪酬差距存在显著的正相关关系，而外资企业是例外。这基本验证了假设1。

表 3-3　　　　薪酬差距对企业会计业绩的影响（因变量：ROA）

ROA	全部	国企	民营	外资
常量	0.024* (1.662)	-0.018 (-0.718)	-0.011 (-0.406)	-0.107* (-1.67)
MWPG	0.001*** (3.604)	0.001** (2.413)	0.001* (1.69)	-0.001 (-1.489)
Size	0.002** (2.148)	0.004** (2.475)	0.003* (1.793)	0.008** (2.319)
NumE	0 (-0.507)	0 (-0.157)	0 (0.085)	0.003 (0.965)
LEV	-0.069*** (-19.895)	-0.085*** (-12.778)	-0.043*** (-8.024)	-0.094*** (-7.68)

续表

ROA	全部	国企	民营	外资
CFO	0.181***	0.097***	0.207***	0.334***
	(23.818)	(6.379)	(18.147)	(12.809)
YEAR	控制	控制	控制	控制
行业	控制	控制	控制	控制
adj R^2	0.074	0.042	0.078	0.412
F	52.343***	12.017***	20.831***	16.100***
N	18114	7245	6777	453

注：模型：$ROA_{it} = a_0 + a_1 MWPG_{it} + a_2 SIZE_{it} + a_3 LEV_{it} + a_4 CFO_{it} + a_K \sum Industry + a_j \sum Year + \varepsilon$（模型1）。

二、薪酬差距的公平感与激励效应回归结果分析

表3-4和表3-5报告了模型2的回归结果，即以企业高管与职工的薪酬差距为自变量，分别以企业新创造价值总额和企业人均价值创造为因变量对全样本、国企、民营和外资企业进行回归的结果。表3-4中薪酬差距与企业新创造价值总额、企业人均价值创造和平均单位资产新创造价值均在1%的水平上显著负相关；表3-5中薪酬差距与企业人均价值创造在全样本、国有企业样本、民营企业样本和外资企业样本中均负相关，且在1%的水平或者5%的水平上显著。由此假设2得到验证。说明在我国的企业中，提高高管薪酬、加大薪酬差距，明显不能提高职工的工作效率、创造更多的价值，反而影响职工的工作积极性、降低工作效率、减少企业新创造价值总额和人均价值创造。

表3-4　　　　　薪酬差距对企业新创造价值总额的影响

因变量	VC	PVC	VCOA
常量	1.497***	1.54***	0.75***
	(18.19)	(17.781)	(38.826)
MWPG	-0.005***	-0.008***	-0.002***
	(-4.369)	(-5.87)	(-5.701)
Size	0.74***	0.733***	-0.042***
	(156.87)	(147.766)	(-38.264)
NumE	0.318***	-0.662***	0.05***
	(68.305)	(-135.099)	(46.019)
LEV	-0.389***	-0.424***	-0.053***
	(-19.76)	(-20.451)	(-11.416)

续表

因变量	VC	PVC	VCOA
CFO	1.881 *** (43.692)	1.909 *** (42.13)	0.355 *** (35.079)
YEAR	控制	控制	控制
行业	控制	控制	控制
adj R^2	0.882	0.677	0.223
F	4850.495 ***	1358.552 ***	186.869 ***
N	18114	18114	18114

注：(1) 模型：$VC_{it} = b_0 + b_1 MWPG_{it} + b_2 SIZE_{it} + b_3 NumE_{it} + b_4 LEV_{it} + b_5 CFO_{it} + b_K \sum Industry + b_J \sum Year + \varepsilon$ (模型2)；(2) 所有变量的定义见表3-1；(3) ***，** 和 * 分别表示在1%，5%和10%的水平上显著。

表3-5　　　　　　　　薪酬差距对企业人均价值创造的影响

因变量：PVC	全部	国企	民营	外资
常量	1.54 *** (17.781)	0.913 *** (7.201)	0.868 *** (5.179)	1.304 ** (2.25)
MWPG	-0.008 *** (-5.87)	-0.006 *** (-3.378)	-0.01 *** (-3.852)	-0.015 ** (-2.232)
Size	0.733 *** (147.766)	0.778 *** (105.301)	0.747 *** (82.51)	0.767 *** (25.002)
NumE	-0.662 *** (-135.099)	-0.706 *** (-90.457)	-0.625 *** (-74.696)	-0.711 *** (-27.81)
LEV	-0.424 *** (-20.451)	-0.672 *** (-20.14)	-0.243 *** (-7.344)	-0.159 (-1.447)
CFO	1.909 *** (42.13)	2.047 *** (26.912)	1.685 *** (23.869)	2.453 *** (10.433)
YEAR	控制	控制	控制	控制
行业	控制	控制	控制	控制
adj R^2	0.677	0.739	0.633	0.823
F	1358.552 ***	708.294 ***	404.333 ***	101.206 ***
N	18114	7245	6777	453

注：(1) 模型：$PVC_{it} = b_0 + b_1 MWPG_{it} + b_2 SIZE_{it} + b_3 NumE_{it} + b_4 LEV_{it} + b_5 CFO_{it} + b_K \sum Industry + b_J \sum Year + \varepsilon$ (模型2a)；(2) 所有变量的定义见表3-1；(3) ***，** 和 * 分别表示在1%，5%和10%的水平上显著。

三、高管员工薪酬差距与在职消费回归结果分析

模型3以企业期间费用占营业总成本的比重为因变量，以企业高管员工的薪酬差

距为自变量,分别对全样本、国有企业样本、民营企业样本和外资企业样本进行回归,结果见表 3-6。表 3-6 中薪酬差距与企业期间费用在全样本、国企、民营和外资企业样本中均显著正相关,说明在我国的企业中,提高高管薪酬、加大薪酬差距,不但没能降低期间费用,反而显著增加期间费用在营业总成本中的比重,说明在我国企业提高高管薪酬待遇不但不会节约管理费用,反而增加企业的管理费用和销售费用等期间费用。假设 3 得到验证。即,提高企业的高管薪酬,扩大企业高管与职工的薪酬差距,并不能很好地抑制高管在职消费或者寻租行为,却起相反的作用。表明在我国企业内部薪酬差距激励机制不能缓解代理问题,加大内部薪酬差距,不但不能带来期间费用的降低,反而会加剧期间费用的耗费。

表 3-6　　　　　　　　　薪酬差距对企业期间费用的影响

因变量	全部	国企	民营	外资
(常量)	0.62 ***	0.515 ***	0.732 ***	-0.058
	(27.627)	(18.852)	(15.813)	(-0.35)
WMPG	0.001 ***	0.001 *	0.001 *	0.008 ***
	(4.248)	(1.711)	(1.754)	(4.367)
Size	-0.018 ***	-0.014 ***	-0.026 ***	0.027 ***
	(-13.96)	(-8.86)	(-10.36)	(3.113)
NumE	0.001	0	0.012 ***	-0.053 ***
	(0.849)	(-0.022)	(5.211)	(-7.38)
LEV	-0.096 ***	-0.049 ***	-0.113 ***	-0.015
	(-17.93)	(-6.85)	(-12.34)	(-0.49)
CFO	0.109 ***	0.073 ***	0.128 ***	-0.03
	(9.325)	(4.457)	(6.569)	(-0.45)
YEAR	控制	控制	控制	控制
行业	控制	控制	控制	控制
adj R^2	0.185	0.180	0.169	0.319
F	147.587 ***	57.988 ***	50.127 ***	11.108 ***
N	18114	7248	6780	453

注:(1) 模型:$PeriER_{it} = c_0 + c_1 MWPG_{it} + c_2 SIZE_{it} + c_3 NumE_{it} + c_4 LEV_{it} + c_5 CFO_{it} + c_K \sum Industry + c_J \sum Year + \varepsilon$ (模型3);(2) 所有变量的定义见表 3-1;(3) ***,** 和 * 分别表示在1%,5%和10%的水平上显著。

第六节 稳健性检验

一、为了验证薪酬差距的公平感与激励效应回归结果的稳健性检验

在我国企业中,提高高管薪酬、加大薪酬差距,明显不能提高职工的工作效率、创造更多的价值。验证以上结果的可靠性,在计算企业新创造的价值时,将价值创造总额(VC)和人均价值创造(PVC)指标换成单位资产价值创造(VCOA),重新进行回归,结果见表 3-7。从表 3-7 的数据可以看出,薪酬差距与企业单位资产价值创造在全样本、国企、民营和外资企业均在 1% 的水平上显著负相关,进一步验证了假设 2。即在我国的企业中,提高高管薪酬、加大薪酬差距,明显不能提高职工的工作效率、创造更多的价值,反而影响职工工作积极性,降低工作效率,降低资产配置效率,造成社会效益损失。

表 3-7　　　　　　　　薪酬差距对企业资产产出效率的影响

因变量	全部	国企	民营	外资
常量	0.75 *** (38.826)	0.629 *** (19.782)	0.698 *** (19.393)	0.573 *** (4.971)
MWPG	-0.002 *** (-5.701)	-0.001 *** (-2.576)	-0.003 *** (-4.753)	-0.003 *** (-2.608)
Size	-0.042 *** (-38.26)	-0.034 *** (-18.145)	-0.042 *** (-21.33)	-0.033 *** (-5.419)
NumE	0.05 *** (46.019)	0.042 *** (21.429)	0.053 *** (29.595)	0.05 *** (9.845)
LEV	-0.053 *** (-11.41)	-0.1 *** (-11.997)	-0.017 ** (-2.412)	-0.054 ** (-2.454)
CFO	0.355 *** (35.079)	0.292 *** (15.336)	0.353 *** (23.28)	0.586 *** (12.529)
YEAR	控制	控制	控制	控制
行业	控制	控制	控制	控制
adj R^2	0.223	0.168	0.232	0.540
F	186.869 ***	51.389 ***	71.442 ***	26.301 ***
N	18114	7245	6777	453

注:(1)模型:$VCOA_{it} = b_0 + b_1 MWPG_{it} + b_2 SIZE_{it} + b_3 NumE_{it} + b_4 LEV_{it} + b_5 CFO_{it} + b_K \sum Industry + b_J \sum Year + \varepsilon$(模型 2b);(2)所有变量的定义见表 3-1;(3)***,** 和 * 分别表示在 1%、5% 和 10% 的水平上显著。

二、高管薪酬本身对企业期间费用影响的稳健性检验

为验证高管薪酬本身对企业期间费用的影响,在期间费用中扣除高层薪酬后再进行检验,结果见表3-8。与上面一致,尤其扣除高管薪酬总额后的管理费用,无论在总体样本和国有企业样本中,提高高管薪酬、加大薪酬差距,都不能降低企业净管理费用,反而显著增加净管理费用在营业总成本中的比重,更加深入地体现了提高高管薪酬、加大薪酬差距对于代理成本的缓解没有任何意义。

表3-8 薪酬差距对企业净期间费用(期间费用扣除高层薪酬)的影响

因变量	全样本	全样本	国企
净期间费用	NPeriER	MER	MER
常量	0.594***	0.429***	0.389***
	(26.785)	(33.687)	(25.322)
WMPG	0.001***	0.001***	0**
	(3.489)	(4.551)	(1.986)
Size	-0.017***	-0.012***	-0.012***
	(-13.707)	(-16.804)	(-13.78)
NumE	0.003**	-0.003***	0.002*
	(2.059)	(-4.211)	(1.721)
LEV	-0.091***	-0.09***	-0.074***
	(17.155)	(-29.619)	(-18.21)
CFO	0.109***	0.014***	-0.018**
	(9.364)	(2.057)	(-1.993)
YEAR	控制	控制	控制
行业	控制	控制	控制
adj R^2	0.176	0.287	0.238
F	139.593***	261.912***	81.822***
N	18114	18114	7248

注:(1)模型:$PeriER_{it}/MER_{it} = c_0 + c_1 MWPG_{it} + c_2 SIZE_{it} + c_3 NumE_{it} + c_4 LEV_{it} + c_5 CFO_{it} + c_K \sum Industry + c_J \sum Year + \varepsilon$(模型3);(2)所有变量的定义见表3-1;(3)***、**和*分别表示在1%、5%和10%的水平上显著。

第七节 进一步验证：薪酬差距拉大的同时能否实现劳动报酬同步提高

一、问题的提出

根据前面的检验结果，薪酬差距拉大既不能减少在职消费，也不能激励员工积极工作、提高生产效率、创造更多的价值，那么在薪酬差距拉大时，企业 ROA 的增长究竟来源于哪里，是个值得深入分析的问题。为了深入分析这一问题，本章继续进行以下探索。

二、薪酬契约管理层权力假说与职工薪酬不能同幅度提高的假设提出

Bebchuk 等于 2002 年提出薪酬契约管理层权力假说，认为企业高管拥有的管理层权力会随着时间逐渐扩大，最终直到可以自定薪酬。高管权力越大，自定薪酬的能力就越强，从而影响公司内部薪酬差距的大小。目前管理层权力假说已获得不少文献研究的支持，管理层完全有动机并且有能力影响自己的薪酬，企业管理层权力越大，越会拉大高管与职工之间的薪酬差距。Bebchuk 和 Fried（2003）的研究认为，当经理人的权力足够大时，经理人会在很大程度上影响或者决定高管层的薪酬。Jensen 和 Murphy（2004）的研究表明，在实践中由于经理人与董事会的信息不对称，高管会掌握更详细更充分的信息、更好的业务专长和充足的时间，高管的薪酬只是由董事会表决，从而产生代理问题。吴育辉和吴世农（2010）的研究表明，非国企高管比国企高管更容易利用自己对公司的掌控权来提高自身的薪酬水平，因为相对而言，国有企业会受到政府更为严格的管控。黎文靖（2014）提出企业的高管薪酬水平会基于平均的行业高管薪酬基准自动调整。吕长江、赵宇恒（2008）、卢锐（2007）的研究发现，在制定薪酬契约的过程中，存在高管利用其权力操纵管理者薪酬契约制定从而导致薪酬差距扩大的现象。张军、王祺（2004）、方军雄（2011）的研究发现，国有企业高管在企业拥有的权威，容易产生和执行不对等的职工薪酬契约。权小锋等（2010）的研究表明，在高管权力比较大的国企中，当高管利用管理层权力影响薪酬制定时，很可能表现为高管自身薪酬的提升幅度较大，而职工薪酬的提升幅度相对较小，从而造成在薪酬差距扩大的同时，企业人工成本的总体水平处于可控状态。

方军雄（2009，2011）的研究表明，管理层权力能够导致非对称的高管薪酬业绩敏感性，具体表现为企业业绩下降时的高管薪酬降幅低于企业业绩上升时的高管薪酬增幅；同时，在企业业绩上升时管理者的薪酬提升幅度大于普通员工，但是在企业业绩下降时管理者的薪酬降低幅度没有显著低于普通员工。因此，由于管理层权力的

影响，我国企业存在"薪酬尺蠖效应"，导致高管与职工薪酬差距不断扩大。黎文靖和胡玉明（2012）的研究表明，管理层权力与薪酬差距存在显著的正相关关系，在一定程度上反映了过大的薪酬差距体现了管理层的权力。因此，在考察企业薪酬差距来源时，应该重点关注管理层权力影响薪酬制度设计这个因素。

进一步考察企业内部薪酬差距的来源及成因，可理解高管高报酬的来源。在职工薪酬具有刚性的情况下，如果企业高管层薪酬的提升幅度大于企业给予普通员工的薪酬提升幅度，使高者更高，必然带来企业内部薪酬差距的拉大。最终在企业总体控制人工成本的情况下，薪酬制度设计必然受到企业职工薪酬总额的影响，提高高管薪酬也必然会影响普通职工薪酬的给付或者提升。由此推导，高管薪酬的提升、内部薪酬差距加大，必然会挤占普通职工的薪酬，从而造成普通职工的报酬损失。也就是说基于管理层权力假说的薪酬契约设计，必然使高管与职工的劳动报酬不能同步增长。因此提出以下假设：

假设 4：管理层权力薪酬契约设计下的员工薪酬不能与高管薪酬同幅度增长；

假设 4a：高管薪酬与薪酬差距正相关；

假设 4b：员工薪酬与薪酬差距负相关。

三、假设验证与回归分析

正常情况下，应该是应付职工薪酬总额越大，企业内部薪酬差距越大，或者平均工资越高，薪酬差距越大。由此下面的检验以企业内部高管与职工薪酬差距为自变量，以企业薪酬总额和人均工资为因变量进行回归，结果见表 3-9。

（一）薪酬差距与企业工资水平关系的检验

从表 3-9 数据可以看出，薪酬差距指标与企业应支付给职工的薪酬总额、普通员工平均工资、平均全部员工工资三个指标显著负相关，且均在 1% 的水平上显著。说明随着薪酬差距的拉大，企业全年应支付给职工的薪酬以及普通员工平均工资、全部员工平均工资，不但没有增长，反而都显著减少。也就是说并不是平均工资越高或者企业薪酬总额越高的公司，企业内部薪酬差距越大；事实正好相反，薪酬差距越大的企业职工工资水平越低，由此推导存在高管薪酬侵占工资的问题，进而由高管薪酬差距拉大引起的 ROA 增长，在企业"新创造的价值"不能增加的情况下（事实上企业"新创造的价值"是减少的），只能是压缩普通员工工资的结果。也就是说在薪酬差距拉大不能激励员工积极性的情况下，在薪酬差距拉大时，企业 ROA 的增长只能来源于普通员工工资的压缩。这说明企业不仅存在控制人工成本总额基本水平不变、通过压低普通员工工资去提高高管报酬情况，而且在降低企业人工薪酬总额、压低企业基本工资报酬水平的基础上提升高管报酬。由此证明我国上市公司中存在严重的高管权力寻租行为，高管权力越大，自定薪酬能力越强，从而影响公司内部薪酬差距的大小。这一结果可以说是找到了"高管薪酬差距根本没有激励效应，薪酬差距的拉大也只能造成企业社会效应损失"的根本原因。

表 3-9　　　　　　　薪酬差距对企业职工工资水平的影响

因变量	EPay	WPay	PEpay
（常量）	6.612 ***	6.566 ***	6.592 ***
	(91.065)	(89.183)	(90.787)
MWPG	-0.027 ***	-0.033 ***	-0.03 ***
	(-23.973)	(-29.263)	(-26.872)
Size	0.343 ***	0.34 ***	0.341 ***
	(82.416)	(80.649)	(82.079)
NumE	0.703 ***	-0.267 ***	-0.277 ***
	(171.308)	(-64.202)	(-67.465)
LEV	-0.159 ***	-0.197 ***	-0.203 ***
	(-9.174)	(-11.182)	(-11.678)
CFO	0.542 ***	0.642 ***	0.641 ***
	(14.272)	(16.668)	(16.863)
YEAR	控制	控制	控制
行业	控制	控制	控制
adj R²	0.901	0.443	0.449
F	5858.523 ***	516.401 ***	527.617 ***
N	18114	18114	18114

注：(1) 模型：$EPay//Wpay//PEpay = d_0 + d_1 MWPG_{it} + d_2 SIZE_{it} + d_3 NumE_{it} + d_4 LEV_{it} + d_5 CFO_{it} + d_K \sum Industry + d_J \sum Year + \varepsilon$（模型 4）；(2) 所有变量的定义见表 3-1；(3) ***，** 和 * 分别表示在 1%，5% 和 10% 的水平上显著。

（二）薪酬差距与企业工资水平在性质不同企业中的关系检验

为进一步进行检验，将样本分为国企、民营和外资企业，分别以企业高管与职工的薪酬差距为自变量，以企业普通员工平均工资为因变量进行回归，回归结果见表 3-10。表 3-10 中，普通员工平均工资与薪酬差距在全样本、国有企业样本、民营企业样本和外资企业样本中均在 1% 的水平上呈显著负相关关系，说明高管与职工的劳动报酬不仅不能够同步增长，反而一增一减反方向变化。在我国企业中，高管薪酬的快速增长，造成对普通职工工资的相对挤压，假设 4 得到验证。在企业控制人工成本的大前提下，提高高管薪酬、扩大薪酬差距，只能是相对压低企业内部普通职工的薪酬水平。检测结果表明，在提高高管薪酬水平、扩大企业高管与普通员工的薪酬差距时，存在高管高工资侵占普通职工工资的问题。

表 3 – 10　　　　薪酬差距与企业普通职工薪酬的关系（因变量：Wpay）

因变量	全样本	国企	民营	外资
常量	6.566*** (89.183)	5.986*** (55.771)	7.035*** (50.693)	7.875*** (15.123)
MWPG	-0.033*** (-29.263)	-0.032*** (-21.332)	-0.033*** (-15.786)	-0.046*** (-7.7)
Size	0.34*** (80.649)	0.4*** (63.982)	0.297*** (39.656)	0.295*** (10.718)
NumE	-0.267*** (-64.202)	-0.347*** (-52.604)	-0.212*** (-30.646)	-0.281*** (-12.237)
LEV	-0.197*** (-11.182)	-0.349*** (-12.365)	-0.23*** (-8.397)	-0.032 (-0.324)
CFO	0.642*** (16.668)	0.662*** (10.324)	0.52*** (8.889)	0.7*** (3.312)
YEAR	控制	控制	控制	控制
行业	控制	控制	控制	控制
adj R^2	0.443	0.525	0.413	0.533
F	516.401***	287.655***	171.438***	25.616***
N	18114	7248	6780	453

注：(1) 模型：$Wpay = c_0 + c_1 MWPG_{it} + c_3 Control + c_K \sum Industry + c_J \sum Year + \varepsilon$（模型 4）；(2) 所有变量的定义见表 3 – 1；(3) ***，** 和 * 分别表示在 1%，5% 和 10% 的水平上显著。

（三）高管薪酬增长与员工薪酬增长的同步和同幅度性检验

为验证员工薪酬与高管薪酬增长的同步性，以高管薪酬和薪酬差距二者同时作为自变量，分别以普通员工平均工资、平均员工工资、应付薪酬总额为因变量进行回归，结果见表 3 – 11。从表 3 – 11 可以看出，高管薪酬的提高，与普通员工平均工资、平均员工工资、应付薪酬总额在 1% 的显著性水平上同时增长，同时薪酬差距 MWPG 与普通员工平均工资、平均员工工资、应付薪酬总额在 1% 的显著性负相关，说明企业在工资刚性的情况下，企业在提高高管薪酬的同时，也必然提升员工的工资；只是对于拉大薪酬差距的企业，高管薪酬水平得到了较大的提升，而普通员工薪酬得不到同幅度提升，从而进一步加大了企业高管与普通职工的薪酬差距。该验证结果符合管理者权利理论。

表 3-11　　　　　　　　高管薪酬增长伴随着员工薪酬增加

因变量	WPay	PEpay	EPay	TRC
常量	4.366*** (58.171)	4.294*** (58.775)	4.489*** (60.283)	0.673*** (44.355)
MWPG	-0.066*** (-56.192)	-0.063*** (-55.846)	-0.057*** (-49.564)	-0.005*** (-19.483)
Mpay	0.329*** (64.247)	0.343*** (68.825)	0.317*** (62.396)	0.025*** (23.721)
Size	0.257*** (63.892)	0.254*** (65.091)	0.262*** (65.806)	-0.049*** (-59.801)
NumE	-0.259*** (-68.84)	-0.269*** (-73.398)	0.711*** (190.379)	0.041*** (54.378)
LEV	-0.086*** (-5.379)	-0.087*** (-5.566)	-0.051*** (-3.222)	-0.109*** (-33.812)
CFO	0.378*** (10.765)	0.366*** (10.724)	0.287*** (8.249)	-0.01 (-1.455)
YEAR	控制	控制	控制	控制
行业	控制	控制	控制	控制
adj R^2	0.548	0.564	0.918	0.409
F	757.158***	808.064***	7015.163***	432.395***
N	18089	18089	18089	18089

注：(1) 模型：$Epay//Wpay//PEpay//TRC_{it} = c_0 + c_1 MWPG_{it} + c_3 Mpay_{it} + c_4 Control + c_K \sum Industry + c_J \sum Year + \varepsilon$（模型4）；(2) 所有变量的定义见表3-1；(3) ***，** 和 * 分别表示在1%，5%和10%的水平上显著。

第八节　研究结论及启示

基于马克思劳动价值论，本章重新考察了我国上市公司内部高管员工薪酬差距对企业绩效的影响。主要目的是深入考察薪酬差距激励机制的激励来源或者制度损失，以厘清全国企业高管员工薪酬差距对会计业绩影响的内在机理。

选取 2010—2017 年 A 股上市公司作为样本，研究发现：（1）薪酬差距越大的企业，高管越倾向在职消费；（2）薪酬差距越大的企业，新创造的价值越少，说明薪酬差距拉大带来的不公平感显著影响职工工作积极性的发挥，造成显著的社会经济损失；（3）薪酬差距越大的企业，人工成本总额和职工平均工资水平越低，说明薪酬差距拉大是在压低企业员工薪酬水平、降低企业人工总成本的基础上提升企业会计业绩。由此推定，在薪酬差距拉大时企业会计绩效的增长来源于对普通职工薪酬的挤压。

本章的理论分析与实证检验可能有以下几个方面的政策含义：第一，我国企业内部薪酬差距拉大不能激励高管和职工；相反，薪酬差距拉大带来的不公平感显著影响职工的工作热情，降低资产利用效率，造成显著的社会经济损失。这是对十九大报告"缩小收入分配差距"政策的经验数据支持。第二，本章基于管理者权力薪酬设计理论，提供了薪酬差距与企业员工薪酬之间显著负相关的证据，从另一角度揭示了企业拉大薪酬差距是管理层权力下的薪酬制度设计结果，并受企业成本总额的限制，扩大薪酬差距会显著影响普通职工薪酬的给付或者提升，从而造成普通职工收入的相对下降。第三，在薪酬差距既不激励高管也不激励职工更多创造新价值的情况下，可以推定薪酬差距扩大时的企业会计绩效增长只能来源于对普通职工薪酬的挤压，即高管对于人工成本的压缩，而这实际上带来员工收入损失和社会新创造价值效率损失。第四，在我国强调"先义后利"注重"义利合一"的文化背景下，在集体主义和平均主义对我国社会各方面影响颇深的情境下，显然薪酬差距激励机制在我国企业内部只有负向激励效应，因此应重新反思我国薪酬制度改革的思路：市场化改革是必要的，但是基于我国的传统思想，一定要兼顾公平，有公平才有更大的效率。第五，本章的证据说明，我国企业内部职工的薪酬公平，对于提高员工工作效率、创造更多社会价值具有重要作用，在推进企业深化改革时，不应只把目光集中在高管和企业股东利益上，而忽略了对企业员工以及整个社会效益的影响。

参考文献

[1] 林浚清，黄祖辉，孙永祥. 高管团队内薪酬差距、公司绩效和治理结构 [J]. 经济研究，2003（04）.

[2] 陈震，张鸣. 高管层内部的级差报酬研究 [J]. 中国会计评论，2006（01）.

[3] 张正堂. 企业内部薪酬差距对组织未来绩效影响的实证研究 [J]. 会计研究，2008（09）.

[4] 周权雄，朱卫平. 国企锦标赛激励效应与制约因素研究 [J]. 经济学季刊，2010，9（02）.

[5] 刘春，孙亮. 薪酬差距与企业绩效：来自国企上市公司的经验证据 [J]. 南开管理评论，2010（02）.

[6] 李绍龙，龙立荣，贺伟. 高管团队薪酬差异与企业绩效关系研究：行业特征的跨层调节作用 [J]. 南开管理评论，2012（08）.

[7] 黎文靖，岑永嗣，胡玉明. 外部薪酬差距激励了高管吗——基于中国上市公司经理人市场与产权性质的经验研究 [J]. 南开管理评论，2014（08）.

[8] 刘敏,冯丽娟.高管内部薪酬差距、投资行为与企业绩效——以中国制造业A股上市企业为例[J].科学决策,2015(10).

[9] 肾佚萱.企业内部薪酬差距、经营业绩与公司治理——来自中国上市公司的经验证据[J].山西财经大学学报,2010(07).

[10] 钱明辉,李天明,何滨舟.我国中央企业上市公司薪酬差距与管理绩效关系研究[J].软科学,2017(03).

[11] 夏宁,董艳.高管薪酬、员工薪酬与公司的成长性——基于中国中小上市公司的经验数据[J].会计研究,2014(09).

[12] 黎文靖,胡玉明.国企内部薪酬差距激励了谁?[J].经济研究,2012(12).

[13] 张泽南,马永强.市场化进程、薪酬差距与盈余管理方式选择[J].山西财经大学学报,2014(06).

[14] 张兴亮,夏成才.非CEO高管患寡还是患不均[J].中国工业经济,2016(09).

[15] 王怀明,史晓明.高管-员工薪酬差距对企业绩效影响的实证分析[J].经济与管理研究,2009(08).

[16] 缪毅,胡奕明.产权性质、薪酬差距与晋升激励[J].南开管理评论,2014(08).

[17] 王永乐,吴继忠.中华文化背景下薪酬差距对我国企业绩效的影响——兼对锦标赛理论和行为理论适用对象的确认[J].当代财经,2010(09).

[18] 陈德球,步丹璐.管理层能力、权力特征与薪酬差距[J].山西财经大学学报,2015(02).

[19] 高良谋,卢建词.内部薪酬差距的非对称激励效应研究——基于制造业企业数据的门限面板模型[J].中国工业经济,2015(08).

[20] 鲁海帆.高管薪酬、激励与业绩研究综述[J].中国会计学会2006年学术年会论文集(下册),2006(07).

[21] 辛清泉,谭伟强.市场化改革、企业业绩与国有企业经理薪酬[J].经济研究,2009(11).

[22] 方军雄.高管权力与企业薪酬变动的非对称性[J].经济研究,2011(04).

[23] 刘清阳.论中国古代农民起义中的平等平均思想[J].西北大学学报(哲学社会科学版),1995(02).

[24] 江伟.市场化程度、行业竞争与管理者薪酬增长[J].南开管理评论,2011(10).

[25] 贺伟,龙立荣.实际收入水平、收入内部比较与员工薪酬满意度的关

系——传统性和部门规模的调节作用［J］.管理世界,2011（04）.

［26］姜付秀,张敏,陆正飞,陈才东.管理者过度自信、企业扩张与财务困境［J］.经济研究,2009（01）.

［27］陈冬华,梁上坤.在职消费、股权制衡及其经济后果——来自中国上市公司的经验证据［J］.上海立信会计学院学报,2010（01）.

［28］罗宏,黄文华.国企分红、在职消费与公司业绩［J］.管理世界,2008（09）.

［29］周仁俊,杨战兵,李礼.管理层激励与企业经营业绩的相关性——国有与非国有控股上市公司的比较［J］.会计研究,2010（12）.

［30］李艳丽,孙剑非,伊志宏.公司异质性、在职消费与机构投资者治理［J］.财经研究,2012（06）.

［31］傅颀,汪祥耀.所有权性质、高管货币薪酬与在职消费——基于管理层权力的视角［J］.中国工业经济,2013（12）.

［32］吴育辉,吴世农.企业高管自利行为及其影响因素研究——基于我国上市公司股权激励草案的证据［J］.管理世界,2010（05）.

［33］吕长江,赵宇恒.国有企业管理者激励效应研究——基于管理者权力的解释［J］.管理世界,2008（11）.

［34］权小锋,吴世农,文芳.管理层权力、私有收益与薪酬操纵［J］.经济研究,2010（11）.

［35］方军雄.我国上市公司高管的薪酬存在黏性吗?［J］.经济研究,2009（03）.

［36］袁堂梅.高管薪酬差距与GDP损失［J］.宏观经济研究,2020（11）:123—134.

［37］卢锐,魏明海,黎文靖.管理层权力、在职消费与产权效率——来自中国上市公司的证据［J］.南开管理评论,2008（05）.

［38］Lazear, E. P., and S. Rosen, Rank-order Tournaments as Optimum Labor Contracts, Journal of Political Economy, 1981, 89: 841-864.

［39］Rosen, S., Prizes and Incentives in Elimination Tournaments, American Economic Review, 1986, 76: 701-715.

［40］Carpenter, M. A., and W. G. Sanders, The Effects of Top Management Team Pay and Firm Internationalization on MNC Performance, Journal of Management, 2004, 30: 4: 509-528.

［41］Cowherd, D. M., and D. I. Levine, Product Quality and Pay Equity between Lower-level Employees and Top Management: An Investigation of Distributive Justice Theory, Administrative Science Quarterly, 1992, 37: 302-320.

[42] Williams, M. L., Antecedents of Employee Benefit Level Satisfaction: A Test of A Model, Journal of Management, 1995, 21: 1097-1128.

[43] Williams, M. L., M. A. McDaniel, and N. T. Nguyen, A Meta-Analysis of the Antecedents and Consequences of Pay Level Satisfaction, Journal of Applied Psychology, 2006, 91: 392-413.

[44] Lambert, R. A., D. F. Larcker, and K. Weigelt, The Structure of Organizational Incentives, Administrative Science Quarterly, 1993, 38: 438-461.

[45] Main, B. G. M., C. A. O'Reilly, and J. Wade, Top Executive Pay: Tournament or Teamwork?, Journal of Labor Economics, 1993, 11: 606-628.

[46] Eriksson, T., Executive Compensation and Tournament Theory: Empirical Tests on Danish Data, Journal of Labor Economics, 1999, 17: 262-280.

[47] Tae Yeol Kim, Xiao Wan Lin, Kwok Leung, A Dynamic Approach to Fairness: Effects of Temporal Changes of Fairness Perceptions on Job Attitudes [J]. Journal of Business and Psychology, 2015 (30): 163-175.

[48] Bebchuk L., J. Fried, and D. Walker, Managerial Power and Rent Extraction in the Design of Executive Compensation, University of Chicago Law Review, 2002, 69 (3): 751-846.

第四章

薪酬差距扩大与 GDP 损失

企业职工收入分配的合理与公平主要由薪酬制度中的薪酬差距设计决定。我国很多企业引入了薪酬差距激励机制,近几年薪酬差距在不断拉大,这不利于实现和谐发展和共同富裕,也与我国传统文化中的"均平""义利观"等观念相背离。因此有必要以中国企业文化环境为基础,分析探讨薪酬差距激励机制在我国企业的实际实施效果和激励传导机制,深入探究激励正效果的来源渠道或者激励负效果造成的损失,以进一步探讨在我国企业文化环境下,如何完善企业薪酬制度。

国外文献中有行为理论、锦标赛理论和风险理论等都从不同角度解释了薪酬差距的经济后果。锦标赛理论(Lazear 和 Rosen,1981;Rosen,1986)及行为理论(Carpenter 和 Sanders,2004;Cowherd 和 Levine,1992;Williams,1995;Williams 等,2006)是两种竞争性的解释,从两个对立的视角阐释薪酬差距可能造成的不同经济后果。锦标赛理论认为,有差异的薪酬能够激励企业职工为了高报酬而努力工作;而行为理论注重公平,认为企业内部职工薪酬差距会促使职工出现心理落差,从而产生不满情绪,降低工作积极性。目前,基于锦标赛理论和行为理论的研究主要集中在企业薪酬差距对企业会计业绩的影响上。我国有一部分学者关注企业内部薪酬差距的理论解释与经济后果,另一部分学者关注高管团队内部薪酬差距与业绩的关系(林浚清等,2003;陈振、张鸣,2006;张正堂,2008),研究结果存在正相关关系、负相关关系和非线性关系三种情况。这表明高管职工薪酬差距影响企业业绩的内在机理比较复杂,社会各界对此可能还没有很清晰的认识。

显然,现有的文献研究只是分析了与薪酬差距同时存在的外在现象。锦标赛理论研究的支持者仅发现企业会计业绩与高管职工的薪酬差距正相关这一现象;社会比较理论研究的是企业存在的巨大薪酬差距可能会带来严重的社会分配不公,这也是显而易见的问题;而内部薪酬差距可能并不激励高管方面,只是探讨了产生薪酬差距的原因在于薪酬设计这一制度安排。因此前期的研究仅考察了薪酬差距与企业业绩、分配公平与否的相关关系,并没有对薪酬差距如何提升或降低企业业绩的内在机理进行更

第四章
薪酬差距扩大与 GDP 损失

深入的考察和理论阐释。具体而言，本质的问题尚未在薪酬差距研究的框架内得到回答。例如，如果薪酬差距有正向激励效应的话，激励效应源自哪里？如果薪酬差距没有正向激励效应的话，是否造成损失？而这个损失又是怎样的？由此需要找出以下问题的答案：拉大薪酬差距，高管和职工是否都会更加努力工作，从而提升生产效率、创造更多价值？对高管而言，薪酬差距的扩大真的能够降低代理成本、减少在职消费吗？对职工而言，过高的薪酬差距是否带来不公平感，从而抑制工作的热情？薪酬差距拉大后是为社会创造更多的价值、增加 GDP，还是会造成 GDP 损失？即在薪酬差距与业绩正相关的研究中，薪酬差距通过什么渠道促进企业业绩增长？薪酬差距没有激励效果或者造成财务分配不公平问题后，具体会对社会造成怎样的损失？而此时扩大内部薪酬差距，企业的会计业绩增长和高管的高报酬又来源于哪里？

依据马克思的劳动二重性原理，职工薪酬的特殊性在于它既是企业分配的重要部分，也是企业成本的重要构成内容。薪酬差距的扩大，一方面影响企业成本，另一方面在于它是否能够激发职工的工作热情，而这种激励直接决定了职工的工作效率和对生产成本的节约和控制，因此可以从成本构成和价值分配两个维度来全面分析它的合理性。由此，本章将基于马克思劳动价值论和中国企业文化环境，通过对企业高管与员工薪酬差距激励效应的深入研究，探讨高管员工薪酬差距在中国企业的实际激励效果和传导机理，并重点研究"激励效应"的来源渠道以及对 GDP 的影响，以进一步探讨在中国企业文化环境下，怎样的薪酬机制是适合中国企业职工的，为我国的薪酬制度改革提供实际经验证据。

本章以我国 2010—2017 年的 A 股上市公司数据为样本，考察企业职工薪酬差距对高管和职工的不同激励效应来源或者社会效应损失。研究结果表明：（1）我国企业高管员工薪酬差距的扩大并不能解决代理问题、降低在职消费；（2）相反，薪酬差距扩大带来的不公平感对职工的工作热情有显著影响，从而降低企业的生产效率，造成显著的 GDP 损失；（3）过大的薪酬差距带来的企业会计绩效增长一部分来源于对普通职工薪酬的挤压，另一部分来源于薪酬增长本身的激励效应，即普通职工薪酬与高管薪酬的同向增长。

本章可能在以下几个方面有所贡献：第一，深入研究了企业高管员工薪酬差距影响企业业绩的内在机理，分别考察了薪酬差距扩大"促进"企业会计业绩增长的激励效应来源和薪酬差距扩大产生的 GDP（社会经济效益）损失，对现有研究薪酬差距与企业业绩关系的研究有所推进；第二，基于管理者权力薪酬设计假说，提供了薪酬差距过大与企业普通职工薪酬水平之间显著负相关的证据，从另一角度揭示了企业过大的薪酬差距挤占了普通员工薪酬，从而造成普通职工收入的相对下降；第三，研究结果表明高管职工薪酬差距过大，会显著造成 GDP 损失，无论对国家还是普通职工而言均带来负向的影响，比相关文献有所突破，为我国"缩小收入分配差距"政策等提供理论和经验证据支持。本章研究有着强烈的政策含义，同时，对讨论高管薪酬管制的文献提供了不同的分析视角。

第一节 文献回顾与研究问题

一、高管员工薪酬差距激励作用的文献回顾

国外已有的关于高管员工薪酬差距激励作用的文献，主要有行为理论和锦标赛理论两个相反的解释理论。锦标赛理论认为，较高的有差异的薪酬才能够对管理者有激励作用，从而努力工作获得高报酬。该理论认为企业内部职工的晋升类似于锦标赛，薪酬差距可以视为职工赢得锦标赛的一种奖励。预期职工获胜晋升后获得的奖励越高，越能够激励其他职工，进而提高企业业绩（Lazear 和 Rosen，1981；Rosen，1986），由此预期企业业绩与薪酬差距正相关。众多研究验证了这一预期（Lambert 等，1993；Main 等，1993；Erickson，1999）。而行为理论更强调公平，在大部分情况下人们偏好公平，即不仅关注自己的收益，还通过与他人收益进行比较关注收益分配是否公平。该理论认为如果薪酬差距过大，将使员工产生心理落差，降低工作积极性；员工薪酬满意度的下降，还会滋生不满情绪，挫伤工作积极性，导致对组织目标的漠不关心和企业凝聚力下降，从而影响企业业绩。关于职工薪酬满意度的大多数研究发现，相对于实际收入水平，薪酬攀比对职工满意度更具有解释力（Williams，1995；Williams 等，2006）。

国内相关研究存在三种结论：

第一，大部分研究支持锦标赛理论（正向关系）。周权雄、朱卫平（2010）的研究表明，地方国有企业高管员工薪酬差距与企业业绩显著正相关，他们认为扩大薪酬差距会促进高管努力工作，赢得锦标赛激励。刘春、孙亮（2010）也以国企数据为基础，发现企业高管和职工之间的薪酬差距与企业业绩显著正相关，同样认为企业业绩的提高是因薪酬差距拉大提高了高管积极性。李绍龙等（2012）的研究也发现，高管团队垂直薪酬差距与企业绩效呈正相关。黎文靖等（2014）基于高管外部薪酬差距进行研究，发现当高管薪酬高于行业平均薪酬时，高管外部薪酬差距能提高非国有企业业绩，但在国有企业没有这个激励效果，原因可能是国有企业高管的经理人市场受到政府管制。刘敏和冯丽娟（2015）对民营企业的研究发现，高管内部薪酬差距能够促进企业增加投资和提高业绩。胥佚萱（2010）和钱明辉等（2017）的研究也发现，扩大企业内部薪酬差距，无论是高管团队内部差距还是高管薪酬与员工薪酬的差距，都有利于企业业绩的提高。

第二，部分研究支持行为理论（负相关关系）。张正堂（2008）的研究结果显示，高管与员工的薪酬差距与国有企业的未来业绩显著负相关。夏宁和董艳（2014）

的研究表明,高管员工薪酬差距会降低公司成长性,但企业规模对此具有调节作用,当企业规模扩张时,薪酬差距加大与企业业绩增长正相关。黎文靖、胡玉明(2012)研究表明,如果内部薪酬差距来源于管理层权力,那它可能更多地表现为高管的一种机会主义行为,必然缺乏正向的激励效应。张泽南、马永强(2014)和张兴亮、夏成才(2016)的研究也表明,过高的薪酬差距会降低企业的业绩。

第三,小部分研究支持非线性关系。也有一些学者提出,行为理论和锦标赛理论具有互补性,特别是在解释企业职工薪酬差距与企业绩效之间关系时。王怀明、史晓明(2009)和缪毅、胡奕明(2014)的研究表明,企业内部薪酬差距对企业绩效的影响呈现并非线性关系,企业业绩随着薪酬差距的拉大表现为先升后降。陈德球和步丹璐(2015)的研究表明,就高管对企业薪酬而言,其差距拉大受管理层能力和管理层权力两个方面的影响,管理层能力引起的薪酬差距扩大与企业业绩显著正相关,而管理层权力引起的薪酬差距扩大与企业业绩显著负相关。而高良谋和卢建词(2015)的研究表明,高管员工薪酬差距与企业业绩之间并非直线关系,而是呈现先上升后下降的倒"U"形关系。

二、高管员工薪酬差距激励作用的文献评述

(一)现有文献成就和不足

通过以上对前期文献的回顾,可以发现,对"薪酬差距对企业业绩的影响"的研究存在多种结果和不同的解释,尚没有统一的结论,并且仅限于对薪酬差距的经济后果与理论解释的研究,并没有薪酬差距激励效果传导路径的研究:支持锦标赛理论的研究结论仅是"高管员工薪酬差距与企业业绩正相关";行为理论的研究文献仅是发现"存在巨大高管员工薪酬差距的企业会造成严重的社会分配不公问题";内部薪酬差距可能并不激励高管方面的研究文献只是探讨了"产生薪酬差距的原因可能在于薪酬设计"。也就是说,前期的相关文献仅考察了高管员工薪酬差距与企业会计业绩的相关性,但并没有深入探讨和阐释薪酬差距如何提升企业绩效的内在机理,或者薪酬差距引起的社会分配不公会造成什么样的后果。而这些恰恰是薪酬差距对企业绩效影响的根源和完善相关政策的依据。

(二)企业业绩衡量指标选择的不统一

薪酬差距激励效应研究并无一致结论的原因是多方面的,而对企业绩效度量指标存在较多选择是其中重要的原因之一。

激励研究的一个难题是与职工薪酬激励相关的企业绩效的可度量性以及度量指标的选取,如何进行公司业绩度量也一直是理论界争论的一个焦点问题(鲁海帆,2006)。目前国内外研究中主要采用三种业绩基础进行绩效度量,分别是基于会计的指标、基于市场的指标以及相对业绩指标。另外,绩效指标衡量标准即使在同一基础上也不同。例如,以市场为基础的业绩指标有托宾 Q 值、股票价格等;以会计为基

础的有总资产收益率、净资产收益率等业绩指标。但它们是否具有代表性值得商榷，会计收益率高，仅代表企业自身为股东的获利较高，基于股东利益的企业资产运转效率较高，另外再加上管理层利润操纵等问题的存在，会计收益率高并不代表职工薪酬差距具有正向的激励效用。

如果薪酬差距能够激发并调动管理者的工作热情，充分发挥积极作用，同时能够提高员工工作效率的话，更具有信息含量的指标应该是企业全体员工（高管和普通员工）所新创造的价值指标。根据马克思的劳动价值理论，活劳动是创造价值的唯一源泉，只有活劳动能够创造新价值。因此，企业活劳动创造新价值的多少才是衡量企业一定时期内绩效的比较全面的指标，才是社会财富的源泉。如果薪酬差距能够激励高管和职工，提高工作效率，最终应该表现为企业新增价值的提升。而企业活劳动创造的新价值加上收回的长期投资额（主要是固定资产折旧）即为企业创造的 GDP。全国 GDP 核算以法人单位作为核算单位，将各行业各单位的增加值汇总得到国家 GDP。而国家 GDP 反映一国（或地区）的经济实力和市场规模，是衡量国家（或地区）经济状况的最佳指标。所以本章将根据马克思劳动价值论，以企业全部职工所新创造的价值和企业创造的 GDP 作为本章新增的薪酬激励效果的评价指标。

三、研究问题的提出

要更深入地理解企业内部薪酬差距的经济后果，考察内部薪酬差距影响企业业绩的内在机理，重要的问题是：如果薪酬差距有激励效应，薪酬差距激励效应的来源是什么？是费用的降低还是收入的提高？如果薪酬差距没有激励效应，薪酬差距拉大会不会造成损失以及是否会造成 GDP 损失？已有文献研究结论中的薪酬差距引起企业会计业绩增长的来源是什么？

薪酬差距的决定因素不同会导致薪酬差距效果不同。如果管理层权力下的薪酬制度设计是影响薪酬差距产生的主要原因，那么在企业人工成本的总量需要控制的情况下，薪酬差距拉大一方面提高了高管薪酬，另一方面则可能相对缩减了普通员工的报酬，这样的差距也就一方面不可能激励高管，另一方面更多地影响普通员工的工作积极性，由此企业薪酬制度安排与企业会计绩效之间的关系，有待深入挖掘其业绩来源。因此，要考察薪酬差距的激励作用是否符合我国企业文化环境和现实情况，不仅需要考察薪酬差距与业绩的关系，还要进一步考察激励效应来源或者激励效应损失。这是本章的研究重点。

四、本章将进行的研究工作

基于上述分析，本章在已有文献研究的基础上，基于马克思劳动价值论和中华文化传统，进一步考察薪酬差距对于高管的激励和对于职工工作效率的影响、激励正效果的效益来源或者激励负效果的效益损失，以深入探讨薪酬差距激励机制对我国企业的适用性。本章将进行以下研究工作：第一，重新检验企业内部高管员工的薪酬差距与企业业绩的关系；第二，分阶段分别检验企业内部高管员工的薪酬差距与劳动生产率的关系，及其对企业新创造价值和 GDP 创造的影响；第三，考察薪酬差距是否可以缓解代理问题、降低在职消费；第四，考察在企业人工成本总量需要控制的情况下，扩大薪酬差距时高管高薪酬的来源，解释薪酬差距扩大的成因，并分析薪酬差距扩大带来的企业业绩增长与普通职工薪酬的关系，解释企业业绩增长的来源渠道；第五，进行一系列稳健性检验。

第二节 理论阐释与研究假设

一、薪酬差距与企业会计业绩

企业会计业绩 ROA 是一个综合指标，由于影响它的因素很多，其数据可能是许多噪音影响的结果。更为重要的是，企业薪酬差距与企业会计业绩可能天然存在一个正相关关系。国企市场化改革使得高管薪酬与企业会计业绩密切相关（辛清泉、谭伟强，2009），而市场化改革背景下的薪酬制度变革更多集中在高管一方，企业职工薪酬与企业业绩的关系要低于高管薪酬与企业业绩的关系（方军雄，2011），因此，企业会计业绩越高，高管与职工的薪酬差距必然会越大。基于以上分析，由此提出假设 1，本章首先验证这一关系作为下一步的分析基础。

假设 1：薪酬差距与企业会计业绩具有正相关性。

二、薪酬差距与在职消费

效率观和代理观是国内外学者们对在职消费的两类观点。效率观认为管理层是为了提高工作效率而增加在职消费，在职消费能够为企业带来积极效果。因此在职消费具有积极效应，是管理者的自我激励行为和正常开展工作的需要，具备一定的合理性。Rosen（2000）、Rajan 和 Wulf（2006）、Marino 和 Ján Zábojník（2008）、姜付秀等（2009）、陈冬华和梁上坤（2010）的研究结果支持效率观。

代理观则认为在职消费是管理层侵占企业资源的表现，增加代理成本，从而造成企业实际经济效果的下降。Grossman 和 Hart（1980）、Jensen 和 Meckling（1976）、Jensen（1986）以及 Yermack（2006）等的研究都支持这种高管在职消费的代理观，认为在职消费是高管实施利益侵占的隐蔽途径，是高管侵吞公司剩余利益。

国内的在职消费研究大多围绕国有企业特殊的制度背景进行。陈冬华、陈信元和万华林（2005）的研究表明，在职消费导致薪酬激励的效果减弱；卢锐、魏明海和黎文靖（2008）的研究表明，高管会使用权力影响进行过度职务消费，进而减弱薪酬激励效果。傅颉和汪祥耀（2013）、谢获宝和惠丽丽（2015）的研究证明，高管在职消费作为一种私人收益，意味着其财务成本超过其带来的效率收益，因此在职消费增加代理成本。

国外研究在职消费多是采用调查数据，而国内研究几乎都使用管理费用中的相关项目值来替代。我国未强制规定对上市公司进行在职消费数据的信息披露，高管消费数据常常计入企业的管理费用之中。因此提出以下假设：

假设2：高管员工薪酬差距不能带来期间费用的降低。

三、薪酬差距与企业新价值创造

（一）薪酬分配的公平感与激励效应的国外研究

John S. Adams（1965）提出公平理论，认为员工收入对员工工作积极性的激励作用主要来自对收入分配的公平感，即员工对于自己和参照对象的收入支出比的主观比较感觉公平，这比个人的收入支出比更密切。因为人们在关心自己得失的同时，往往还会关心他人的得失，将他人的得失与自己的报酬相比较，从而衡量自己所得的报酬是否公平。当感知受到的待遇不公平时，会导致人们行为动机和工作效率的下降，甚至出现逆反行为。因此要提高员工的工作积极性，就必须缩小收入分配差距，尽量让员工感知分配公平。调查和实验均表明，不公平感主要来自经过比较认为自己收入过低，但是，经过比较认为自己收入过高时却很少会产生不公平感。前景理论（Kahneman，1979）同样认为大多数人对得失的判断往往根据参照点决定。Knack和Keefer（1997）研究发现社会资本越高的国家，其收入水平也越高，分配也更平均。Sefa Hayibor（2015）的研究表明，人们的公平敏感度能够缓和他对公司公平或者不公平的反应，也直接影响他对公司的反对或者支持的倾向。Tae Yeol Kim、Xiao Wan Lin和Kwok Leung（2013）的研究表明，员工工作满意度与公平感变化显著相关；在对员工工作满意度的影响程度上，员工公平感的正向变化大于负向变化。

（二）不同国家的员工对分配公平的评判标准和要求有所不同

分配公平的评判标准和要求在不同国家有所不同，员工对工作的投入和对工作的满意度，一方面受公平感的影响，另一方面受他们对公平感心理变化的影响。辜俊君（2018）指出：中国传统文化具有的"兼容扬弃、以人为本、絜矩之道、入世担当"四种特质成就了中国人骨子里的自信。李子联（2017）的研究表明，分配制度的公平主要体现在收入分配差距的缩小上，这种分配公平能够有效提高社会人力资本的积累程度，进而提升经济增长质量。

（三）集体主义和平均主义对我国社会各方面影响颇深

黎文靖（2012）指出，虽然大部分关于企业内部薪酬差距与企业会计业绩的实证研究结果支持锦标赛理论，但这与我国的传统文化中强调集体主义、平均主义的社会共识存在矛盾。在我国文化中占据主流地位的儒家思想支持一种等级制下的"均平"，即民众生活和财富的大致平等。孔子说"不患寡而患不均""均无贫"。刘清阳（1995）指出，要求实现平均平等社会是我国古代农民起义的核心思想，历代农民起义均体现了平均平等思潮，体现了社会民众对"公平""平均""平等"的追求。在这样的历史文化传统背景下，社会比较理论在我国的企业中应该更具有解释力。Kim等（2007）的研究表明，中国员工相较于其他国家更加关注收入分配的公平性，对工作满意度的高低取决于他们对于分配公平与否的认识。江伟（2011）认为我国上市公司有半数以上将高管薪酬水平设定在同行业高管薪酬的均值或者中间值的水平以上。贺伟、龙立荣（2011）发现职工的实际工资水平与工资满意度无显著相关，部门内的工资攀比对工资满意度有正向影响，支持了社会比较理论。

因此在我国企业中薪酬差距的拉大，只能让人们感知受到不公平的待遇，导致降低工作效率，人们消极工作的结果只能造成新创造价值的降低。基于以上分析，提出以下假设：

假设3：扩大薪酬差距影响职工工作积极性，降低生产效率，抑制企业新价值创造；

假设3a：薪酬差距越大，企业人均新创造价值越少；

假设3b：薪酬差距越大，企业资产配置效率越低。

四、薪酬差距与企业 GDP 创造

企业 GDP 指标是一个比职工价值创造包含的范围更广的指标。GDP 指标所包含的内容除了企业新增的价值之外，还包含了企业固定资产的折旧部分，但绝大部分是企业职工新创造的价值部分，因此，如果上面的薪酬差距与企业新增价值的理论分析正确，即在我国企业中薪酬差距拉大，只能让人们感知受到不公平的待遇，导致降低工作效率，甚至出现逆反行为，人们消极工作的结果造成新创造价值降低的时候，企业 GDP 创造也必然受到消极影响。由此提出以下假设：

假设4：扩大薪酬差距影响职工工作积极性，降低生产效率，抑制企业 GDP 创造；

假设4a：薪酬差距越大，企业人均创造 GDP 越少；

假设4b：薪酬差距越大，企业单位资产 GDP 创造效率越低。

第三节　变量的选择计量与研究模型

一、主变量的选择与计量

（一）ROA

资产收益率，又称总资产回报率。

（二）VC

企业劳动新创造价值（Enterprise Laborers Value Created），企业劳动新创造的价值（财富）=息税前利润+工资+流转税=工资+利息+税收+利润。依据马克思劳动价值论——价值创造的唯一源泉是活劳动，因此工人的工资和剩余价值部分都应该是劳动者的劳动创造的。因此企业创造的价值即是企业的增值部分，这与拉克尔系数计算公式中的企业增值额是同一个含义，即增值额=销售收入-外购商品和劳务-折旧费。借鉴王灿等（2012）"修正后增值额=息税前利润（EBIT）+应付职工薪酬+流转税"的做法，本章企业价值创造的计算式为：

企业劳动新创造价值=企业运营增值额=工资+利息+税收+利润=应支付给职工以及为职工支付的现金+财务费用+应支付各项税费+净利润

应支付给员工以及为员工支付的现金=现金流量表中本年度"支付给员工的以及为员工支付的现金"+（应付职工薪酬账户期末余额-期初余额）

应支付的各项税费=现金流量表中本年度"支付的各项税费"+（应付税金账户期末余额-期初余额）

具体采用以下两个指标来衡量VC：

PVC（人均价值创造）= ln（工资+利息+税收+利润）÷平均职工人数

VCOA（单位资产价值产出率）=（工资+利息+税收+利润）÷企业总资产
=劳动者新创造价值VC÷总资产

（三）PeriER

即期间费用率（Period Cost Rate）=期间费用÷营业总成本。

具体细分为以下几个衡量指标：

管理费用比率（Management Expense Ratio，MER）=管理费用÷营业总成本；

销售费用比率（Sales Expense Ratio，SER）=销售费用÷营业总成本；

财务费用比率（Financial Expense Ratio，FER）=财务费用÷营业总成本。具体计算公式如下：

PeriER（期间费用率）=（销售费用+管理费用+财务费用）÷（营业总成本）

MER（管理费用率）=管理费用÷营业总成本

SER（销售费用率）=销售费用÷营业总成本

FER（财务费用率）=财务费用÷营业总成本

（四）职工薪酬与人工成本

1. AC：人工成本（Artificial Cost）。包括构成完整人工成本的货币性报酬和非货币性报酬。但由于在我国较难获取非货币性薪酬数据，同时在整个职工薪酬中非货币性薪酬所占比例相对较少，所以本章在衡量职工薪酬时只考虑货币性薪酬。

2. 人工成本的衡量指标有"人工成本总量指标"和"人均人工成本指标"，分别用以下指标来衡量。

（1）TRAC：人工成本在总成本中的比重 = 企业人工总成本（AC），即"全年应支付给职工以及为职工支付的现金" ÷ "营业总成本"。

（2）AC//Epay：人工总成本（或者 Epay：职工薪酬总额）= 全年应支付给职工以及为职工支付的现金 = 支付给职工以及为职工支付的薪酬 + （应付职工薪酬账户期末余额 - 期初余额）。回归模型中取自然对数进行标准化。

（3）PEPay：人均人工成本 = 人均职工薪酬，计算公式为：

PEPay = 全年应支付给职工以及为职工支付的现金 ÷ 领取薪酬的平均在职员工人数。回归模型中取自然对数进行标准化。

（4）Wpay：普通员工人均薪酬（Workers' pay）= 普通员工薪酬 ÷（全年平均职工人数 - 领取薪酬的董事、监事及高管人数）。取自然对数进行标准化。

（5）MPay：高管薪酬，高级管理人员人均薪酬 = 高管前3名年薪总和 ÷ 3。取自然对数进行标准化。

（6）MWPG，高管员工薪酬差距，指企业内部高管前3名平均薪酬与普通职工平均薪酬的差距，借鉴黎文靖和胡玉明（2012）的算法：

MWPG = MPay - WPay

= （高管前3名年薪总和 ÷ 3）- 职工薪酬 ÷（职工人数 - 高管人数）

（五）GDP：企业创造的国内生产总值

GDP 的统计，世界银行及国际社会认可的方法是增加值法。中国 GDP 的统计使用的也是增加值法。

GDP 的核算方法有生产法、收入法、支出法三种[①]，本章的 GDP 衡量指标是基于 GDP 收入法的核算方式，从生产过程创造收入的角度，根据生产要素在生产过程中应得的收入份额反映最终成果的一种核算方法。按照这种核算方法，增加值由劳动者报酬、生产税净额、固定资产折旧和营业盈余四部分相加得到。

按收入法计算的公式：

GDP（企业创造 GDP 总额）= ln（营业盈余 + 生产税净额 + 劳动者报酬 + 固定资产折旧）

其中，固定资产折旧数据来源于国泰安数据库中的间接法现金流量表。

具体还有以下指标：

PGDP（人均 GDP 创造）= ln（企业创造 GDP 总额）÷ 平均职工人数

[①] GDP 核算有三种方法，即生产法、收入法、支出法，三种方法从不同的角度反映国民经济生产活动成果，理论上三种方法的核算结果相同。生产法是从生产的角度衡量常住单位在核算期内新创造价值的一种方法，即从国民经济各个部门在核算期内生产的总产品价值中，扣除生产过程中投入的中间产品价值，得到增加值。核算公式为：增加值 = 总产出 - 中间投入。收入法是从生产过程创造收入的角度，根据生产要素在生产过程中应得的收入份额反映最终成果的一种核算方法。按照这种核算方法，增加值由劳动者报酬、生产税净额、固定资产折旧和营业盈余四部分相加得到。支出法是从最终使用的角度衡量核算期内产品和服务的最终去向，包括最终消费支出、资本形成总额和货物与服务净出口三个部分。

GDPOA（平均单位资产 GDP 产出）= ln（企业创造 GDP 总额）÷ 企业平均总资产

二、控制变量的选择与计量

借鉴以前相关文献的方法，在模型中引入以下控制变量。

SIZE：公司资产规模，主要从企业资产规模角度考虑对企业成本、收益和价值创造的影响。

NumE：职工人数（Number of Employee），公司职工规模，主要考虑职工人数对企业收益和新创造价值的影响，用企业职工平均人数的自然对数作为控制变量。

LEV：财务杠杆通常用资产负债率表示，等于企业年末总负债除以总资产。主要从偿债能力的角度考虑对企业经营状况的影响。

CFO：经营活动现金流量净额，选取企业当年的自由现金流，并用年初和年末的平均资产进行标准化。

GROW：企业成长性用主营业务收入增长率表示，主要从企业销售收入增长的角度考虑对企业成本、收益和价值创造的影响。

本书模型中用到的指标及指标内涵解释如表 4-1 所示。

表 4-1　　　　　　　　模型中用到的变量和变量解释

变量	变量定义
ROA	总资产收益率 = 企业净利润 ÷ 企业平均总资产
VC	企业劳动者新创造的价值，即企业新增价值 = 应支付给职工以及为职工支付的现金 + 财务费用 + 应支付的各项税费 + 净利润。回归模型中取自然对数进行标准化
VCOA	单位资产价值产出率，即平均每一单位资产分摊的企业新创造价值 = 企业劳动者新创造的价值 VC ÷ 企业总资产
PVC	人均价值创造 = 企业劳动者新创造的价值 VC ÷ 平均职工人数。回归模型中取自然对数来标准化
GDP	企业创造的 GDP = 营业盈余 + 生产税净额 + 劳动者报酬 + 固定资产折旧。取自然对数标准化
PGDP	企业人均 GDP 创造 = 企业 GDP 总额 ÷ 平均职工人数。取自然对数标准化
GDPOA	企业单位创造的 GDP = GDP ÷ 企业平均资产。取自然对数来标准化
TRAC	人工成本占总成本的比率 = 应支付给职工以及为职工支付的现金 ÷ 营业总成本
AC	企业人工成本总额。回归模型中取自然对数来标准化
PEPay	人均职工薪酬。回归中以职工人均薪酬的自然对数来表示
WPay	人均员工薪酬
MPay	高管薪酬，高管前 3 名平均年薪 = 高管前 3 名年薪总和 ÷ 3。取自然对数进行标准化
MWPG	高管与普通员工平均薪酬差距 = MPay - WPay =（高管前 3 名薪酬总额 ÷ 3）- 职工薪酬 ÷（职工人数 - 高管人数）。取自然对数进行标准化
PeriER	期间费用比率 = 期间费用 ÷ 营业总成本
MER	管理费用比率 = 管理费用 ÷ 营业总成本

续表

变量	变量定义
SER	销售费用比率＝销售费用÷营业总成本
FER	财务费用比率＝财务费用÷营业总成本
SIZE	公司规模。以总资产取自然对数来衡量
NumE	职工人数，即公司职工规模。用企业职工平均人数的自然对数表示，主要考虑职工人数对企业收益和价值创造的影响
CFO	经营活动现金流量净额，选取企业当年的自由现金流，并用年初和年末的平均资产进行标准化
LEV	财务杠杆，通常用资产负债率表示，主要从偿债能力的角度考虑对企业经营状况的影响
ε	误差项

三、模型构建

借鉴黎文靖、胡玉明（2012），谢获宝、惠丽丽（2015），刘春、孙亮（2010）等的做法，根据前面给出的变量定义，构建各研究假设的回归模型如下：

$$ROA_{it} = a_0 + a_1 MWPG_{it} + a_2 SIZE_{it} + a_3 NumE_{it} + a_4 LEV_{it} + a_5 CFO_{it} + a_K \sum Industry + a_J \sum Year + \varepsilon \quad (模型1)$$

$$PeriER_{it} = b_0 + b_1 MWPG_{it} + b_2 SIZE_{it} + b_3 NumE_{it} + b_4 LEV_{it} + b_5 CFO_{it} + b_K \sum Industry + b_J \sum Year + \varepsilon \quad (模型2)$$

$$VC_{it} = c_0 + c_1 MWPG_{it} + c_2 SIZE_{it} + c_3 NumE_{it} + c_4 LEV_{it} + c_5 CFO_{it} + c_K \sum Industry + c_J \sum Year + \varepsilon \quad (模型3)$$

$$GDP_{it} = d_0 + d_1 MWPG_{it} + d_2 SIZE_{it} + d_3 NumE_{it} + d_4 LEV_{it} + d_5 CFO_{it} + d_K \sum Industry + d_J \sum Year + \varepsilon \quad (模型4)$$

第四节 样本选择与描述性统计

一、样本选取与数据来源

本章选取我国沪、深两市2010—2017年的A股上市公司作为总体样本，然后去掉金融公司、去掉数据缺失和不全的公司、去除员工数低于100的公司，最终得到了由18101个年度公司观测值组成的研究样本。样本中的财务数据均取自国泰安数据库（CSMAR）。根据以前部分学者的研究结论，随着薪酬差距拉大，企业业绩呈现为先上升后下降（王怀明、史晓明，2009；缪毅、胡奕明，2014）。本章把研究样本根据企业职工平均薪酬水平分为两组，即企业职工工资低组（样本数9051）和企业职工工资高组（样本数9050）。

二、描述性统计

表4-2是主要变量描述性统计结果,表中上市公司员工平均工资WPay最大值是5307709.75,最小值是314.01;高管平均工资Mpay最大值是653338.41,最小值是9990.00;高管员工薪酬差距(MWPG)的最大值是11756777.32,最小值是(4506743.08),表明在不同公司之间有较大差距。人均GDP创造PGDP最大值是39246728,最小值是6251.16;人均价值创造lnPVC最大值是17.21,最小值是7.57;平均每单位资产对应的新创造价值lnVCOA最大值是7.64,最小值是0.17,不同公司之间差距非常大。

表4-2　　　　　　　　　　　主要变量描述性统计

变量	N	极小值	极大值	均值	标准差
lnGDPOA	18101	0.01	7.65	0.19	0.13
lnVCOA	18101	0.00	7.64	0.17	0.12
ROA	18101	(0.24)	7.25	0.05	0.09
PGDP	18101	6251.16	39246728	451658.67	860438.71
VC	18101	619803.14	6.79003E+11	2144820901	16273658352
Mpay	18101	9990.00	12088900	653338.41	647453.33
EPay	18101	532.75	4752317.73	112234.89	114652.54
WPay	18101	314.01	5307709.75	110732.32	120136.66
MWPG	18101	(4506743)	11756777	542606	640524
lnPGDP	18101	8.74	17.49	12.58	0.82
lnMpay	18101	9.21	16.31	13.12	0.71
lnWPay	18101	5.75	15.48	11.43	0.56
lnMWPG	18101	(15.32)	16.28	12.54	2.87
lnPVC	18101	7.57	17.21	12.43	0.86
Size	18101	17.76	28.51	22.11	1.3
NumE	18101	4.61	13.22	7.69	1.25
LEV	18101	0.01	2.61	0.43	0.22
CFO	18101	(1.03)	0.93	0.04	0.09
GROW	18101	(0.98)	134607.06	8.94	1006.54

数据来源:国泰安数据库。

第五节 实证结果及分析

一、薪酬差距与企业会计业绩的回归结果及分析

以企业高管与员工的薪酬差距为自变量,以企业的总资产收益率为因变量,分别对全样本、职工工资低组样本、职工工资高组样本进行回归,回归结果见表4-3。表4-3中薪酬差距与企业会计业绩在全样本、职工工资低组样本、职工工资高组样本中均为显著的正相关关系,分别是在1%、1%和10%的水平上显著。说明在我国企业中,薪酬差距与企业会计业绩存在显著的正相关关系。验证了假设1。

表4-3　　　　　　　　　薪酬差距对企业会计业绩的影响

因变量	全样本	职工工资低组	职工工资高组
(常量)	0.024 (1.631)	-0.004 (-0.238)	0.123 *** (4.778)
MWPG	0.001 *** (3.85)	0.003 *** (6.839)	0.000 * (1.697)
Size	0.002 ** (2.135)	0.001 (1.299)	-0.004 ** (-2.426)
MWPG	0 (-0.515)	0 (0.359)	0.004 ** (2.424)
LEV	-0.069 *** (-19.882)	-0.063 *** (-19.097)	-0.073 *** (-11.053)
CFO	0.181 *** (23.794)	0.153 *** (18.543)	0.19 *** (15.262)
GROW1	0.000 (0.503)	0 *** (4.355)	0.000 (0.224)
YEAR	控制	控制	控制
行业	控制	控制	控制
adj R^2	0.074	0.116	0.062
F	50.601 ***	42.091 ***	21.770 ***
N	18101	9051	9050

注:(1)模型:$ROA_{it} = a_0 + a_1 MWPG_{it} + a_2 SIZE_{it} + a_3 LEV_{it} + a_4 CFO_{it} + a_K \sum Industry + a_J \sum Year + \varepsilon$ (模型1);(2)所有变量的定义见表4-1;(3) ***, ** 和 * 分别表示在1%、5%和10%的水平上显著。

二、薪酬差距与在职消费关系的回归结果分析

模型 2 以企业期间费用占营业总成本的比重为因变量,以企业高管与职工的薪酬差距为自变量,分别对全样本、职工工资低组样本、职工工资高组样本进行回归,结果见表 4-4。表 4-4 中薪酬差距与企业期间费用在全样本、职工工资低组样本、职工工资高组样本中均显著正相关。说明在我国企业中,加大薪酬差距,不但没能降低期间费用,反而显著增加期间费用在营业总成本中的比重,说明在我国企业,扩大高管员工薪酬差距不但不会节约管理费用,反而增加企业的销售费用、管理费用等期间费用。假设 2 得到验证。扩大高管员工薪酬差距,并不能够很好地抑制高管在职消费,却起相反的作用,他们有了更严重的寻租行为。表明在我国企业内部薪酬差距激励机制不能缓解代理问题,加大内部薪酬差距不但不能带来期间费用的降低,反而会加剧期间费用的耗费。

表 4-4 薪酬差距对企业期间费用的影响

因变量	全样本	职工工资低组	职工工资高组
(常量)	0.62 *** (27.618)	0.673 *** (19.628)	0.655 *** (19.233)
WMPG	0.001 *** (4.21)	0.003 *** (2.802)	0.001 *** (2.716)
Size	-0.018 *** (-13.959)	-0.024 *** (-12.042)	-0.018 *** (-9.212)
NumE	0.001 (0.845)	0.005 *** (2.606)	0.003 (1.619)
LEV	-0.096 *** (-17.932)	-0.056 *** (-8.32)	-0.148 *** (-17.052)
CFO	0.11 *** (9.326)	0.086 *** (5.14)	0.098 *** (5.965)
GROW	0.000 (0.019)	0.000 (-0.474)	0.000 (0.396)
YEAR	控制	控制	控制
行业	控制	控制	控制
adj R^2	0.185	0.134	0.244
F	142.290 ***	49.492 ***	101.536 ***
N	18101	9051	9050

注:(1) 模型:$PeriER_{it} = c_0 + c_1 MWPG_{it} + c_2 SIZE_{it} + c_3 NumE_{it} + c_4 LEV_{it} + c_5 CFO_{it} + c_K \sum Industry + c_J \sum Year + \varepsilon$(模型2);(2) 所有变量的定义见表 4-1;(3) ***,** 和 * 分别表示在 1%,5% 和 10% 的水平上显著。

三、薪酬差距与企业价值创造的回归结果分析

模型3的回归结果见表4-5,是以企业内部高管职工薪酬差距为自变量,分别以企业新创造价值和人均新创造价值为因变量,基于全样本、职工工资低组样本、职工工资高组样本进行回归的结果。在表4-5的全样本中,薪酬差距与企业新创造价值总额和企业人均新创造价值均在1%的水平上显著负相关;在职工工资低组样本的回归结果中正相关,且在1%的水平上显著;在职工工资高组样本中,薪酬差距与企业人均价值创造在1%的水平上显著负相关。说明在我国,在职工平均工资比较高的企业,加大薪酬差距明显不能提高职工的工作效率、创造更多的价值,反而影响职工工作积极性,降低工作效率、降低资产配置效率,造成社会经济效益损失。

表4-5　　　薪酬差距对企业新创造价值总额和人均创造价值的影响

因变量	VC	PVC	PVC	PVC
	全样本	全样本	职工工资低组	高组
(常量)	1.497*** (18.19)	1.535*** (17.74)	2.507*** (19.242)	3.054*** (25.515)
MWPG	-0.005*** (-4.369)	-0.007*** (-5.53)	0.031*** (9.124)	-0.011*** (-8.429)
Size	0.74*** (156.87)	0.733*** (147.922)	0.626*** (82.644)	0.653*** (92.836)
NumE	0.318*** (68.305)	-0.662*** (-135.278)	-0.569*** (-79.346)	-0.604*** (-89.28)
LEV	-0.389*** (-19.76)	-0.424*** (-20.46)	-0.34*** (-13.307)	-0.448*** (-14.68)
CFO	1.881*** (43.692)	1.916*** (42.252)	1.601*** (25.097)	1.841*** (31.892)
GROW	0.000 (0.831)	0.000* (1.732)	0.003*** (5.756)	0.000 (0.951)
YEAR	控制	控制	控制	控制
行业	控制	控制	控制	控制
adj R^2	0.882	0.678	0.506	0.672
F	4850.495***	1312.770***	320.431***	640.695***
N	18101	18101	9051	9050

注:(1) 模型:$VC_{it} = b_0 + b_1 MWPG_{it} + b_2 SIZE_{it} + b_3 NumE_{it} + b_4 LEV_{it} + b_5 CFO_{it} + b_K \sum Industry + b_J \sum Year + \varepsilon$ (模型3);(2) 所有变量的定义见表4-1;(3) ***、**和*分别表示在1%、5%和10%的水平上显著。

而在职工工资低组样本的回归结果中显著正相关(在1%的水平上显著),这一

回归结果与假设不相符,因此需要作进一步的检验:这一结果是否说明在我国职工工资平均比较低的企业里,加大薪酬差距就能够激励员工的工作积极性,提高工作效率,创造更多的价值呢?或者说在员工薪酬低于市场平均水平的企业,薪酬差距拉大尚有一定的激励作用?在员工薪酬低于市场平均水平的企业里将抑制薪酬差距带来的不公平作用?在员工工资平均比较低的企业里,加大薪酬差距,能明显提升职工工作效率的原因,是薪酬差距扩大的原因还是另有途径?

四、薪酬差距与企业 GDP 创造的回归结果分析

模型 4 的回归结果见表 4-6,是以高管员工薪酬差距为自变量,分别以企业 GDP 总额和人均 GDP 创造价值为因变量对全样本、职工工资低组样本、职工工资高组样本进行回归的结果。在表 4-5 的全样本中,薪酬差距与企业 GDP 创造总额和企业人均 GDP 均在 1% 的水平上显著负相关;在职工工资低组中,薪酬差距与企业 GDP 创造总额和企业人均 GDP 均在 1% 的水平上显著正相关;在职工工资高组样本中,薪酬差距与企业 GDP 创造总额和企业人均 GDP 均在 1% 的水平上显著负相关。说明在我国职工平均工资比较高的企业中,提高高管薪酬、加大薪酬差距明显不能够提高职工工作效率,创造更多的 GDP,反而抑制职工工作的积极性,工作效率降低,降低企业 GDP 的创造,造成社会经济效益损失。

表 4-6　　薪酬差距对 GDP 总额和人均 GDP 的影响

因变量	GDP	PGDP	GDP	PGDP	GDP	PGDP
	全样本	全样本	低组	低组	高组	高组
常量	1.553***	1.593***	2.493***	2.203***	2.485***	2.574***
	(22.172)	(21.49)	(24.091)	(19.661)	(24.792)	(23.933)
MWPG	-0.007***	-0.01***	0.019***	0.015***	-0.011***	-0.013***
	(-6.989)	(-8.371)	(7.543)	(5.65)	(-9.48)	(-10.643)
Size	0.745***	0.738***	0.653***	0.673***	0.696***	0.685***
	(185.558)	(173.95)	(108.666)	(103.449)	(117.997)	(108.075)
NumE	0.313***	-0.666***	0.39***	-0.615***	0.35***	-0.622***
	(79.16)	(-159.01)	(68.415)	(-99.685)	(60.972)	(-101.06)
LEV	-0.291***	-0.327***	-0.203***	-0.253***	-0.356***	-0.375***
	(-17.39)	(-18.418)	(-9.904)	(-11.391)	(-14.14)	(-13.906)
CFO	1.878***	1.908***	1.719***	1.751***	1.804***	1.87***
	(51.176)	(49.148)	(35.107)	(33.034)	(36.116)	(34.89)
GROW	0.000	0.000*	0.000	0.000*	0.000	0.000**
	(0.306)	(1.915)	(0.298)	(1.923)	(0.434)	(2.225)

续表

因变量	GDP	PGDP	GDP	PGDP	GDP	PGDP
	全样本	全样本	低组	低组	高组	高组
YEAR	控制	控制	控制	控制	控制	控制
行业	控制	控制	控制	控制	控制	控制
adj R^2	0.913	0.738	0.901	0.611	0.924	0.721
F	6536.237***	1759.934***	2844.189***	492.271***	3805.884***	806.748***
N	18101	18101	9051	9051	9050	9050

注：(1) 模型：$GDP_{it} = b_0 + b_1 MWPG_{it} + b_2 SIZE_{it} + b_3 NumE_{it} + b_4 LEV_{it} + b_5 CFO_{it} + b_K \sum Industry + b_J \sum Year + \varepsilon$（模型3）；(2) 所有变量的定义见表4-1；(3) ***，** 和 * 分别表示在1%，5%和10%的水平上显著。

而在职工工资低组样本的回归结果中显著正相关（在1%的水平上显著），这一回归结果也与假设不相符，是薪酬差距扩大的原因还是另有途径，有待进一步的检验。是否说明在我国职工平均工资比较低的企业里，提高高管薪酬，加大薪酬差距就能够激励员工提高工作效率，创造更多的GDP？即指标薪酬差距在员工薪酬低于市场平均水平的企业，薪酬差距拉大尚有一定的激励作用？在员工薪酬低于市场平均水平的企业里将抑制薪酬差距带来的不公平作用？在职工工资平均比较低的企业里，加大薪酬差距，可以明显提高企业GDP的原因是什么？

第六节 稳健性检验

一、高管薪酬本身对企业期间费用影响的稳健性检验

为验证高管薪酬本身对企业期间费用的影响，在企业的期间费用中扣除高层薪酬后计算净期间费用再作检验，结果见表4-7，结果与上面一致，尤其扣除高层薪酬总额后的管理费用，无论在总体样本和职工薪酬低组和职工薪酬高组中，提高高管薪酬加大薪酬差距，都未能降低企业净期间费用，反而显著增加净期间费用在营业总成本中的比重，更加深入地体现了提高高管薪酬、加大薪酬差距对于代理成本的缓解没有任何意义。这进一步验证了假设2。

表4-7　薪酬差距对企业净期间费用（期间费用扣除高层薪酬）的影响

因变量	全样本	职工工资低组	职工工资高组
（常量）	0.594***	0.646***	0.627***
	(26.777)	(19.071)	(18.648)

续表

因变量	全样本	职工工资低组	职工工资高组
MWPG	0.001 ***	0.002 **	0.001 **
	(3.451)	(2.156)	(2.158)
Size	-0.017 ***	-0.023 ***	-0.018 ***
	(-13.7)	(-11.744)	(-9.054)
NumE	0.003 **	0.006 ***	0.005 **
	(2.054)	(3.361)	(2.417)
LEV	-0.091 ***	-0.052 ***	-0.141 ***
	(-17.15)	(-7.881)	(-16.413)
CFO	0.109 ***	0.086 ***	0.098 ***
	(9.364)	(5.201)	(6.015)
GROW	0.000 (0.033)	0.000 (-0.599)	0.000 (0.408)
YEAR	控制	控制	控制
行业	控制	控制	控制
adj R^2	0.176	0.127	0.235
F	134.578 ***	46.243 ***	96.758 ***
N	18101	9051	9050

注：(1) 模型：$PeriER_{it}/MER_{it} = c_0 + c_1 MWPG_{it} + c_2 SIZE_{it} + c_3 NumE_{it} + c_4 LEV_{it} + c_5 CFO_{it} + c_K \sum Industry + c_J \sum Year + \varepsilon$（模型2）；(2) 所有变量的定义见表4-1；(3) ***，** 和 * 分别表示在1%，5%和10%的水平上显著。

二、薪酬差距对企业单位资产产出率影响的稳健性检验

为了验证在我国企业中加大薪酬差距对企业创造价值产生影响研究结果的可靠性，将价值创造总额（VC）和人均价值创造（PVC）指标换成单位资产价值创造（VCOA）指标重新进行回归，结果见表4-8。从表4-8的数据可以看出，在全样本、职工工资高组样本中，薪酬差距与企业人均价值创造在1%的水平上显著负相关；在职工工资低组样本的回归结果中显著正相关（在1%的水平上显著），与上面的验证结果完全相同。这进一步验证了假设3。即在我国职工平均工资比较高的企业，提高高管薪酬、加大薪酬差距，明显不能提高企业资产配置效率，创造更多的价值，反而显著降低企业资产配置效率，造成社会经济效益损失。而在职工平均工资比较低的企业，是加大薪酬差距还是通过其他途径明显提高企业资产配置效率有待进一步检验。

表 4-8　　薪酬差距对企业资产产出效率的影响

因变量	全样本	职工工资低组	职工工资高组
（常量）	0.749***	0.807***	1.103***
	(38.803)	(35.076)	(33.892)
WMPG	-0.002***	0.005***	-0.003***
	(-5.339)	(8.36)	(-6.775)
Size	-0.042***	-0.053***	-0.063***
	(-38.287)	(-39.489)	(-32.74)
NumE	0.05***	0.058***	0.066***
	(46.006)	(46.157)	(35.832)
LEV	-0.053***	-0.043***	-0.047***
	(-11.412)	(-9.493)	(-5.696)
CFO	0.355***	0.272***	0.365***
	(35.092)	(24.189)	(23.266)
GROW	0.000**	0.001***	0.000
	(2.104)	(5.317)	(1.196)
YEAR	控制	控制	控制
行业	控制	控制	控制
adj R^2	0.224	0.308	0.257
F	181.052***	139.903***	108.996***
N	18101	9051	9050

注：(1) 模型：$VCOA_{it} = b_0 + b_1 MWPG_{it} + b_2 SIZE_{it} + b_3 NumE_{it} + b_4 LEV_{it} + b_5 CFO_{it} + b_K \sum Industry + b_J \sum Year + \varepsilon$（模型3b）；(2) 所有变量的定义见表4-1；(3) ***，** 和 * 分别表示在1%，5%和10%的水平上显著。

三、薪酬差距对企业单位资产 GDP 产出率影响的稳健性检验

为了验证在我国企业中加大薪酬差距对企业 GDP 创造影响研究结果的可靠性，将 GDP 总额和人均 GDP 指标换成单位资产创造 GDP（GDPOA）指标重新进行回归，结果见表4-9。从表4-9的数据可以看出，在全样本中，薪酬差距与企业单位资产创造 GDP（GDPOA）指标在1%的水平上显著负相关；在职工工资高组样本中，薪酬差距与企业单位资产 GDP 创造（GDPOA）指标在1%的水平上显著负相关；在职工工资低组样本中，薪酬差距与企业单位资产 GDP 创造（GDPOA）指标在5%的水平上显著正相关，与上面的验证结果完全相同。说明在我国职工平均工资比较高的企业，加大薪酬差距，明显不能提高企业资产配置效率，创造更多的 GDP，反而显著降低企业资产配置效率，造成社会经济效益损失。而在职工平均工资比较低的企业，是加大薪酬差距还是通过其他途径明显提高企业资产 GDP 产出率有待进一步检验。

表 4-9　　　　　　　　薪酬差距与单位资产 GDP

因变量	全样本	职工薪酬低组	职工薪酬高组
（常量）	0.812 *** (42.146)	0.91 *** (33.589)	1.058 *** (35.162)
MWPG	-0.002 *** (-6.53)	0.002 ** (2.49)	-0.003 *** (-7.292)
Size	-0.046 *** (-41.633)	-0.056 *** (-35.774)	-0.06 *** (-33.868)
NumE	0.055 *** (50.674)	0.063 *** (42.128)	0.067 *** (38.987)
LEV	-0.045 *** (-9.691)	-0.03 *** (-5.633)	-0.052 *** (-6.9)
CFO	0.394 *** (39.043)	0.407 *** (31.769)	0.344 *** (22.945)
GROW	0.000 ** (2.333)	0.000 ** (2.538)	0.000 (1.061)
YEAR	控制	控制	控制
行业	控制	控制	控制
adj R²	0.257	0.304	0.282
F	217.002 ***	137.205 ***	123.336 ***
N	18101	9051	9050

注：(1) 模型：$GDP_{it} = b_0 + b_1 MWPG_{it} + b_2 SIZE_{it} + b_3 NumE_{it} + b_4 LEV_{it} + b_5 CFO_{it} + b_K \sum Industry + b_J \sum Year + \varepsilon$（模型3）；(2) 所有变量的定义见表 4-1；(3) ***，** 和 * 分别表示在1%、5%和10%的水平上显著。

第七节　进一步探究薪酬差距扩大时 ROA 的来源

一、问题的提出

根据前面的检验结果：(1) 在职工平均工资比较低的企业，薪酬差距与企业价值创造和 GDP 创造均显著正相关的验证结果与前面的假设不符，在我国以"均平""均无贫"为传统文化核心的企业，扩大薪酬差距显然不能激励职工、提高工资效率、创造更多的价值和 GDP，因此在职工平均工资比较低的企业，高管薪酬激励机制是如何发挥作用的，需要作更深入的检验。(2) 在职工薪酬高组与企业价值创造和GDP 创造均显著负相关，却与薪酬差距与 ROA 显著正相关。而在职工薪酬高组，既然薪酬差距拉大既不能降低代理成本、减少在职消费，也不能激励员工积极工作、提高生产效率、创造更多的价值，那么在职工薪酬高组薪酬差距拉大时，企业 ROA 的增长究竟来源于哪里，也是个值得深入分析的问题。为了深入分析这两个问题，本章继续作以下探索。

二、薪酬契约管理层权力假说

Bebchuk 等于 2002 年提出薪酬契约管理层权力假说，认为企业高管拥有的管理层权力会随着时间逐渐扩大，最终可以自定薪酬。高管权力越大，自定薪酬的能力就越强，从而影响公司内部薪酬差距的大小。目前管理层权力假说已获得不少文献研究的支持，管理层完全有动机并且有能力影响自己的薪酬，企业管理层权力越大，越会拉大高管与职工之间的薪酬差距。Bebchuk 和 Fried（2003）的研究认为，当经理人的权力足够大时，经理人会在很大程度上影响或者决定高管层的薪酬。Jensen 和 Murphy（2004）的研究表明，在实践中由于经理人与董事会的信息不对称，高管会掌握更详细更充分的信息、更好的业务专长和充足的时间，高管的薪酬只是由董事会表决，从而产生代理问题。吴育辉和吴世农（2010）的研究表明，非国企高管比国企高管更容易利用自己对公司的掌控权来提高自身的薪酬水平，因为相对而言，国有企业会受到政府更为严格的管控。黎文靖（2014）提出企业的高管薪酬水平会基于平均的行业高管薪酬基准自动调整。吕长江、赵宇恒（2008）、卢锐（2007）的研究发现，在制定薪酬契约的过程中，存在高管利用其权力操纵管理者薪酬契约制定，从而导致薪酬差距扩大的现象。张军、王祺（2004）、方军雄（2011）的研究发现，国有企业高管在企业拥有的权威，容易产生和执行不对等的职工薪酬契约。权小锋等（2010）的研究表明，在高管权力比较大的国企中，当高管利用管理层权力影响薪酬制定时，很可能表现为高管自身薪酬的提升幅度较大，而职工薪酬的提升幅度相对较小，从而造成薪酬在差距扩大的同时，企业人工成本的总体水平处于可控状态。

方军雄（2009，2011）的研究表明，管理层权力能够导致非对称的高管薪酬业绩敏感性，具体表现为企业业绩下降时的高管薪酬降幅低于企业业绩上升时的高管薪酬增幅。同时，在企业业绩上升时管理者的薪酬提升幅度大于普通员工，但是在企业业绩下降时管理者的薪酬降低幅度没有显著低于普通员工，因此，由于管理层权力的影响，致使我国企业存在"薪酬尺蠖效应"，导致高管与职工薪酬差距的不断扩大。黎文靖和胡玉明（2012）的研究表明，管理层权力与薪酬差距存在显著的正相关关系，在一定程度上反映了过大的薪酬差距体现管理层的权力。因此，在考察企业薪酬差距来源时，应该重点关注管理层权力影响薪酬制度设计这个因素。

进一步考察企业内部薪酬差距的来源及成因，理解高管高报酬的来源。在职工薪酬具有刚性的情况下，如果企业高管层薪酬的提升幅度大于企业给予普通员工的薪酬提升幅度，使高者更高，必然带来企业内部薪酬差距的拉大。最终在企业总体控制人工成本的情况下，薪酬制度设计必然受到企业职工薪酬总额的影响，提高高管薪酬也必然会影响普通职工薪酬的给付或者提升。由此推导，高管薪酬的提升、内部薪酬差距加大，必然会挤占普通职工的薪酬，从而造成普通职工的报酬损失。也就是说基于管理层权力假说的薪酬契约设计，必然使得高管与职工的劳动报酬不能同步增长。

三、进一步研究假设的提出和验证模型的设计

以前的文献关于薪酬差距对企业绩效影响的研究大多仅从薪酬差距自身笼统地研究分析，缺少将薪酬差距与薪酬水平结合起来进行薪酬激励机制全面综合的分析和研究，忽视了薪酬水平提升影响企业绩效，而薪酬差距的扩大往往伴随着薪酬水平的变动，研究结果不免存在片面性。在薪酬水平与企业绩效关系的研究文献中，绝大多数学者认为薪酬水平对企业绩效有积极的影响，提高薪酬水平能够对职工产生正向的激励作用，提高工作效率，从而有助于公司绩效的提高。Atreya Chakraborty 等（2009）、Kevin（2011）的研究都表明，高管薪酬水平越高，公司绩效越高。国内的已有研究结果也大多表明高管薪酬水平的提高与企业绩效正相关（阮素梅等，2013；李争光，2015；李烨等，2017；张静，2017）。刘烨等（2014）、邵平（2008）等部分学者的研究表明，高管薪酬水平与企业绩效负相关，包括高科技企业、金融行业。因此，要更深入地考察高管员工薪酬差距对企业绩效影响的内在机理，需要充分考虑薪酬水平和薪酬差距都可能对企业业绩有影响，这一点很重要，究竟哪一方的效果更显著，还是同样显著，需要将薪酬差距与薪酬水平结合起来进行进一步的全面验证，研究结果才更具有说服力。

在企业职工工资平均比较低、企业整体人工成本总额一般也比较低、企业人工成本总额尚有提升空间的情况下，企业在制订、调整企业薪酬方案时，高管和职工的劳动报酬就可以同时提升，因此，在企业职工平均工资比较低时，高管与职工的劳动报酬能够同时增长，而高管薪酬提升幅度高于普通员工薪酬的提升幅度，由此造成薪酬差距的扩大，此时职工薪酬增长能够激励职工的生产积极性，而非薪酬差距扩大激励职工的生产积极性。也就是说企业职工平均工资比较低组，价值创造的提升可能是由于企业职工薪酬水平提升的激励结果，而非薪酬差距的激励效应。由此提出以下假设：

假设5：企业职工平均工资比较低时，高管薪酬与员工薪酬可以同时提高（同向变化）；

假设6：职工薪酬增长能够激励员工的生产积极性，而薪酬差距扩大仍然抑制职工的生产积极性。

检验模型：

$$AC_{it}EPay//Wpay//PEpay_{it} = d_0 + d_1 MWPG_{it} + d_2 Control + d_K \sum Industry + d_J \sum Year + \varepsilon$$

（模型5）

$$VC_{it}//GDP_{it} = d_0 + d_2 WPay_{it} + d_3 Mpay_{it} + d_4 MWPG_{it} + d_5 Control + d_K \sum Industry + d_J \sum Year + \varepsilon$$

（模型6）

如果企业职工平均工资已经比较高，在企业整体人工成本比较高的情况下，与同行业相比企业人工成本总额已经没有提升空间，企业为了保持成本总额具有竞争性，在制订、调整企业薪酬方案时，高管和职工的劳动报酬就很难同时提升，一方的增加很可能要挤占较多的资源，致使另一方减少。而职工薪酬又具有刚性，提高高管薪酬必然会影响普通职工薪酬的给付或者提升。由此推导，管理权力控制下设计管理层薪酬契约时，提升高管薪酬、加大薪酬差距，必然会挤占普通职工的薪酬，从而造成普通职工的报酬损失。也就是说基于管理层权力假说的薪酬契约设计，必然使高管与职工的劳动报酬不能同时增长，必然是一个升高、另一方降低，或者相对降低。由此提出以下假设：

假设7：企业职工工资水平比较高时，为保持成本总额的竞争性，薪酬差距越大，普通职工薪酬降低。

检验模型：

$$AC_{it}EPay//Wpay//PEpay_{it} = d_0 + d_1 MWPG_{it} + d_2 Control + d_K \sum Industry + d_J \sum Year + \varepsilon$$

（模型5）

四、假设验证与回归分析

（一）职工薪酬低组，高管与员工薪酬同向增长检验

正常情况下，应该是应付职工薪酬总额越大，企业内部薪酬差距越大，或者平均工资越高，薪酬差距越大。由此下面的检验以企业内部高管员工薪酬差距为自变量，以企业职工平均薪酬和企业支付的薪酬总额为因变量对各组样本进行回归，结果见表4-10。表中数据显示，薪酬差距指标与企业应支付给普通员工平均工资、全部员工平均工资和企业人工成本总额（薪酬总额）3个指标均在1%的水平上显著正相关。说明在职工工资水平比较低的企业，高管与职工的劳动报酬能够同向增长，只不过高管薪酬提升幅度高于普通员工薪酬的提升幅度，由此造成薪酬差距扩大，假设5得到验证。该验证结果也说明，在实施薪酬差距激励制度时，在企业职工薪酬低于平均水平、企业人工总成本尚有提升空间的情况下，在制订、调整企业薪酬方案时，高管和职工的劳动报酬可以同时提升，只不过高管薪酬提升幅度高于普通员工薪酬的提升幅度，由此造成薪酬差距扩大。

表4-10　职工薪酬低组薪酬差距扩大对普通职工薪酬的影响

因变量	Wpay	PEpay	AC//Epay
（常量）	8.968 ***	8.929 ***	8.898 ***
	(112.61)	(114.72)	(112.99)

续表

因变量	Wpay	PEpay	AC//Epay
MWPG	0.015 *** (7.124)	0.02 *** (10.072)	0.021 *** (10.333)
Size	0.129 *** (27.913)	0.134 *** (29.706)	0.143 *** (31.23)
NumE	-0.097 *** (-22.22)	-0.114 *** (-26.57)	0.862 *** (198.74)
LEV	-0.161 *** (-10.33)	-0.163 *** (-10.71)	-0.106 *** (-6.876)
CFO	0.343 *** (8.803)	0.341 *** (8.936)	0.323 *** (8.378)
GROW1	0.001 *** (2.819)	0.001 *** (3.035)	0 (-1.337)
ID	控制	控制	控制
YEAR	控制	控制	控制
adj R^2	0.242	0.257	0.941
F	100.536 ***	109.233 ***	4992.196 ***
N	9051	9051	9051

注：(1) 模型：$ACEPay//Wpay//PEpay_{it} = d_0 + d_1 MWPG + d_2 Control + d_K \sum Industry + d_J \sum Year + \varepsilon$（模型5）；(2) 所有变量的定义见表 4-1；(3) ***，** 和 * 分别表示在 1%，5% 和 10% 的水平上显著。

（二）职工薪酬低组，企业价值创造增长和 GDP 增长来源的进一步检验

基于上面的结果，先从高管薪酬提升、职工薪酬提升和薪酬差距扩大三个方面同时验证对于企业职工工作积极性激励效果影响的回归检验，结果见表 4-11。从表的第（1）、第（2）列可以看出，普通员工平均薪酬和高管薪酬都与企业人均价值创造和单位资产价值创造在 1% 的水平上显著正相关，而薪酬差距与企业人均价值创造在 5% 的水平上显著负相关，与单位资产价值创造负相关不显著；同样，在表的第（3）、第（4）、第（5）列，普通员工平均薪酬和高管薪酬与企业 GDP 创造总额、人均 GDP 创造和单位资产 GDP 创造均在 1% 的水平上显著正相关，而薪酬差距与企业 GDP 创造的三个衡量指标显著负相关。

表 4-11　职工薪酬低组薪酬契约设计与企业价值创造和 GDP 创造

因变量	(1) PVC	(2) VCOA	(3) GDP	(4) PGDP	(5) GDPOA
（常量）	-2.796 *** (-14.81)	0.216 *** (6.213)	-1.135 *** (-7.958)	-2.973 *** (-20.19)	0.143 *** (3.732)

续表

因变量	(1) PVC	(2) VCOA	(3) GDP	(4) PGDP	(5) GDPOA
WPay	0.491*** (29.354)	0.049*** (15.951)	0.339*** (26.884)	0.521*** (40.065)	0.074*** (21.89)
Mpay	0.141*** (12.736)	0.023*** (11.284)	0.108*** (12.644)	0.104*** (11.821)	0.019*** (8.457)
MWPG	-0.01** (-1.972)	-0.001 (-0.814)	-0.008** (-2.206)	-0.014*** (-3.846)	-0.004*** (-3.706)
Size	0.543*** (73.356)	-0.062*** (-45.78)	0.585*** (98.042)	0.578*** (93.877)	-0.07*** (-43.944)
NumE	-0.533*** (-76.65)	0.061*** (47.694)	0.419*** (74.7)	-0.564*** (-97.41)	0.07*** (46.164)
LEV	-0.216*** (-8.997)	-0.027*** (-6.19)	-0.103*** (-5.32)	-0.122*** (-6.102)	-0.01* (-1.941)
CFO	1.392*** (23.043)	0.253*** (22.743)	1.567*** (33.552)	1.529*** (31.726)	0.379*** (30.212)
GROW	0.002*** (3.883)	0*** (3.912)	0 (-0.307)	0 (1.155)	0** (2.116)
ID	控制	控制	控制	控制	控制
YEAR	控制	控制	控制	控制	控制
adj R^2	0.573	0.352	0.914	0.691	0.36
F	393.35***	159.69***	3082.4***	654.43***	165.08***
N	9051	9051	9051	9051	9051

注：(1) 模型：$VC_{it}//GDP_{it} = d_0 + d_2 WPay_{it} + d_3 Mpay_{it} + d_4 MWPG_{it} + d_5 Control + d_K \sum Industry + d_J \sum Year + \varepsilon$（模型6）；(2) 所有变量的定义见表4-1；(3) ***、**和*分别表示在1%、5%和10%的水平上显著。

由此说明，在职工薪酬低组，激励员工生产积极性的是职工薪酬的增长，职工薪酬增长能够提高生产效率，增加企业价值创造和GDP的创造，而并不是薪酬差距扩大激励职工生产积极性，尤其是薪酬差距扩大起了完全相反的抑制作用。即在企业职工平均工资较低组，价值创造的提升是由于企业职工薪酬水平提升的激励结果，而不是薪酬差距的激励效应。也就是说企业职工平均工资较低组，职工薪酬增长能够激励员工生产积极性，薪酬差距扩大同样只有抑制作用。总之，职工薪酬低组，企业人均价值创造增长和GDP创造的提升是由于企业职工薪酬水平提升的激励结果，而非薪酬差距的激励效应。

(三) 职工薪酬高组，高管与员工薪酬反向增长检验和 ROA 增长来源分析

为验证员工薪酬与高管薪酬增长是否具有同向性并推断ROA来源，以高管员工薪酬差距作为自变量,分别以普通员工平均工资、平均职工工资、企业人工成本总额(应付薪酬总额)为因变量进行回归,结果见表 4-12。表 4-12 数据显示,在职工薪酬高组,薪酬差距指标与普通员工平均工资、全部员工平均工资、企业人工成本总额(应付薪酬总额)3 个薪酬指标均在 1% 的水平上显著负相关。表明随着薪酬差距的拉大,普通员工平均工资、全部员工平均工资和企业人工成本总额(应付薪酬总额)不但没有增长,反而都显著减少。也就是说,并不是平均工资越高或者企业薪酬总额越高的公司,企业内部薪酬差距越大,而事实正好相反,薪酬差距越大的企业职工工资水平越低。

表 4-12   职工薪酬高组薪酬差距扩大对职工薪酬的影响

因变量	Wpay	PEpay	AC
(常量)	8.757***	8.775***	8.391***
	(103.04)	(104.19)	(94.718)
MWPG	-0.037***	-0.035***	-0.033***
	(-38.33)	(-36.02)	(-32.25)
Size	0.221***	0.222***	0.249***
	(44.314)	(44.958)	(47.93)
NumE	-0.182***	-0.189***	0.775***
	(-37.76)	(-39.7)	(154.7)
LEV	-0.075***	-0.084***	-0.089***
	(-3.462)	(-3.916)	(-3.928)
CFO	0.375***	0.379***	0.368***
	(9.14)	(9.327)	(8.609)
GROW	0.000 (0.434)	0.000 (0.427)	0.000 (-1.27)
ID	控制	控制	控制
YEAR	控制	控制	控制
adj R^2	0.370	0.368	0.937
F	184.559***	182.961***	4665.181***
N	9050	9050	9050

注:(1) 模型:Wpay//PEpay//AC = d_0 + d_1 MWPG$_{it}$ + d_2 Control + d_K $\sum$ Industry + d_J $\sum$ Year + ε (模型 5);(2) 所有变量的定义见表 4-1;(3) ***,** 和 * 分别表示在 1%,5% 和 10% 的水平上显著。

说明在职工平均工资已经比较高的企业、在企业整体人工成本已经比较高的情况下,与同行业相比企业人工成本总额已经没有提升空间,为了保持企业人工成本总额具有竞争性,在制订、调整企业薪酬方案时,高管和职工的劳动报酬就很难同时提升。在职工薪酬具有刚性以及企业总体控制人工成本的情况下,高管权力下的薪酬制度设计必然受到企业人工成本总额的影响,提高高管薪酬也必然会压缩或者相对压缩普通职工薪酬的给付或者提升。假设 7 得到验证，即在管理层权力控制下的管理层薪酬契约设计、高管薪酬的提升、内部薪酬差距加大，必然会挤占普通职工的薪酬，从而造成普通职工的报酬损失。基于管理层权力假说的薪酬契约设计，必然使高管与职工的劳动报酬不能同时增长，必然是一个升高，另一个降低，或者相对降低。

由此推导在职工平均薪酬比较高的企业，存在高管薪酬侵占员工工资的问题，在企业"新创造的价值"和 GDP 创造不能增加的情况下（事实上企业"新创造的价值"是减少的），由高管薪酬差距拉大引起的 ROA 增长，只能是压缩普通员工工资的结果，即在职工薪酬较高的企业，薪酬差距拉大不能激励员工积极性，在薪酬差距拉大时企业 ROA 的增长只能来源于对普通员工工资的挤压，也就是对于企业人工总成本的压缩或者相对压缩，从而提高了企业的会计利润 ROA。

这说明企业不仅存在控制人工成本总额基本水平，通过压低或相对压低普通员工工资去提高高管报酬情况，而且存在降低企业人工薪酬总额、压低企业基本工资报酬水平而提升高管报酬的情况。由此证明了我国上市公司中存在严重的高管权力寻租行为，高管权力越大，自定薪酬能力越强，从而影响公司内部薪酬差距的大小。这一结果找到了"高管薪酬差距没有激励效应、薪酬差距的拉大也只能造成企业社会效应损失"的根本原因。

第八节　研究结论及启示

本章基于马克思劳动价值论，考察了上市公司高管员工薪酬差距与企业价值创造和 GDP 创造的关系。主要目的是深入考察薪酬激励机制对高管和员工的激励效应及其效应来源或者激励效应损失，以深入探讨高管员工薪酬差距对企业会计业绩影响的内在机理，为国家政策完善提供一定的实践数据支持。

本章选取了 2010—2017 年 A 股上市公司作为样本，研究发现：（1）企业拉大薪酬差距后高管更倾向在职消费；（2）在职工薪酬水平较高的企业，薪酬差距与企业价值创造和 GDP 创造显著负相关，在职工薪酬水平较低的企业显著正相关，但这并不说明随着企业职工薪酬水平的增加，薪酬差距与企业绩效之间真正呈现先增后减的倒"U"形关系；（3）在职工薪酬水平较低的企业，高管薪酬水平、薪酬差距与职工薪酬水平同向增长，是职工薪酬水平的增长激发了职工工作的积极性，从而促进了企业价值创造和 GDP 的增长，而薪酬差距只能增加不公平感，降低工作效率，造成 GDP 损失；（4）在薪酬水平高的企业，薪酬差距越大，企业职工工资水平越低，说明这类企业提升高管自身报酬是通过压低或相对压低企业员工工资实现的。由此推定，在薪酬差距抑制员工创造价值的情况下，薪酬差距扩大时带来的企业会计业绩 ROA 增长必然来源于对普通职工薪酬的相对挤压。

总之，无论在哪类企业，薪酬差距越大，企业新创造的价值和 GDP 越少，说明薪酬差距拉大带来的不公平感对职工的工作热情造成显著影响，降低劳动生产效率，造成显著的 GDP 损失。在职工薪酬较高的企业，薪酬差距的扩大并没有在劳动生产率提高的同时实现高管与普通员工劳动报酬的同向提升。这与"坚持在劳动生产率提高的同时实现劳动报酬同步提高"和"缩小收入分配差距"等国家政策相背离。

本章的理论分析与实证检验可能有以下几个方面的政策含义：第一，我国企业内部薪酬差距的拉大并不能激励高管和职工；相反薪酬差距的拉大带来的不公平感，显著影响职工的工作热情，降低职工的生产效率和资产利用效率，造成显著的 GDP 损失。第二，基于管理者权力薪酬设计理论，提供了薪酬差距与企业普通职工薪酬之间显著负相关的证据，从另一角度揭示了企业拉大薪酬差距是管理层权力下薪酬制度设计的结果，并且在薪酬制度设计时受到企业成本竞争性的限制，过多地提高高管薪酬会显著影响普通职工薪酬的给付或者提升，造成的结果是扩大内部薪酬差距，挤占普通员工薪酬，从而造成普通职工收入的下降或相对下降。第三，在薪酬差距既不激励高管也不激励职工的情况下可以推定，在薪酬差距拉大时带来的企业会计绩效增长只能来源于对普通职工薪酬的挤压，即高管对于企业人工成本的人为相对压缩。当高管利用管理层权力为自身利益影响薪酬制定时，很可能表现为调高或提升高管自身薪酬的幅度较大，而职工的薪酬提升幅度相对较小，差距扩大但企业人工成本的总体数据处于相对稳定或者降低的状态，从而表现为企业会计业绩增长，而实际上造成员工收入的损失和 GDP 创造损失。第四，在我国这样一个"均平""均无贫"的文化传统背景下，在集体主义和平均主义对我国社会各方面影响颇深的环境下，薪酬差距过大没有任何积极的激励作用，只有显著的抑制作用，应重新反思我国薪酬制度改革的思路：市场化改革是必要的，但是基于我国的传统思想，一定要兼顾公平，有公平才有更大的效率。第五，本章的证据说明，我国企业内部职工的薪酬公平和普通职工薪酬水平的提高，对于提高员工工作效率、创造更多的 GDP 具有重要作用。无论理论界与实务界，在推进企业深化改革时，不应只把目光集中于高管和企业股东利益身上，而忽略了对企业员工收益以及整个社会效益的影响。

参考文献

[1] 林浚清，黄祖辉，孙永祥．高管团队内薪酬差距、公司绩效和治理结构 [J]．经济研究，2003（04）．

[2] 陈震，张鸣．高管层内部的级差报酬研究 [J]．中国会计评论，2006（01）．

[3] 张正堂．企业内部薪酬差距对组织未来绩效影响的实证研究 [J]．会计研究，2008（09）．

[4] 周权雄，朱卫平．国企锦标赛激励效应与制约因素研究 [J]．经济学季刊，

2010 (02).

[5] 刘春, 孙亮. 薪酬差距与企业绩效: 来自国企上市公司的经验证据 [J]. 南开管理评论, 2010 (02).

[6] 李绍龙, 龙立荣, 贺伟. 高管团队薪酬差异与企业绩效关系研究: 行业特征的跨层调节作用 [J]. 南开管理评论, 2012 (08).

[7] 黎文靖, 岑永嗣, 胡玉明. 外部薪酬差距激励了高管吗——基于中国上市公司经理人市场与产权性质的经验研究 [J]. 南开管理评论, 2014 (08).

[8] 刘敏, 冯丽娟. 高管内部薪酬差距、投资行为与企业绩效——以中国制造业 A 股上市企业为例 [J]. 科学决策, 2015 (10).

[9] 胥佚萱. 企业内部薪酬差距、经营业绩与公司治理——来自中国上市公司的经验证据 [J]. 山西财经大学学报, 2010 (07).

[10] 钱明辉, 李天明, 何滨舟. 我国中央企业上市公司薪酬差距与管理绩效关系研究 [J]. 软科学, 2017 (03).

[11] 夏宁, 董艳. 高管薪酬、员工薪酬与公司的成长性——基于中国中小上市公司的经验数据 [J]. 会计研究, 2014 (09).

[12] 黎文靖, 胡玉明. 国企内部薪酬差距激励了谁? [J]. 经济研究, 2012 (12).

[13] 张泽南, 马永强. 市场化进程、薪酬差距与盈余管理方式选择 [J]. 山西财经大学学报, 2014 (06).

[14] 张兴亮, 夏成才. 非 CEO 高管患寡还是患不均 [J]. 中国工业经济, 2016 (09).

[15] 王怀明, 史晓明. 高管-员工薪酬差距对企业绩效影响的实证分析 [J]. 经济与管理研究, 2009 (08).

[16] 缪毅, 胡奕明. 产权性质、薪酬差距与晋升激励 [J]. 南开管理评论, 2014 (08).

[17] 王永乐, 吴继忠. 中华文化背景下薪酬差距对我国企业绩效的影响——兼对锦标赛理论和行为理论适用对象的确认 [J]. 当代财经, 2010 (09).

[18] 陈德球, 步丹璐. 管理层能力、权力特征与薪酬差距 [J]. 山西财经大学学报, 2015 (02).

[19] 高良谋, 卢建词. 内部薪酬差距的非对称激励效应研究——基于制造业企业数据的门限面板模型 [J]. 中国工业经济, 2015 (08).

[20] 鲁海帆. 高管薪酬、激励与业绩研究综述 [J]. 中国会计学会 2006 年学术年会论文集, 2006 (07).

[21] 辛清泉, 谭伟强. 市场化改革、企业业绩与国有企业经理薪酬 [J]. 经济研究, 2009 (11).

［22］方军雄．高管权力与企业薪酬变动的非对称性［J］．经济研究，2011（04）．

［23］刘清阳．论中国古代农民起义中的平等平均思想［J］．西北大学学报（哲学社会科学版），1995（02）．

［24］江伟．市场化程度、行业竞争与管理者薪酬增长［J］．南开管理评论，2011（10）．

［25］贺伟，龙立荣．实际收入水平、收入内部比较与员工薪酬满意度的关系——传统性和部门规模的调节作用［J］．管理世界，2011（04）．

［26］辜俊君．中国传统儒家文化赖以自信的四种特质［J］．南方论刊，2018（08）．

［27］李子联．收入分配公平：提升经济增长质量的重要保障［J］．学习时报，2017（05）．

［28］姜付秀，张敏，陆正飞，陈才东．管理者过度自信、企业扩张与财务困境［J］．经济研究，2009（01）．

［29］陈冬华，梁上坤．在职消费、股权制衡及其经济后果——来自中国上市公司的经验证据［J］．上海立信会计学院学报，2010（01）．

［30］罗宏，黄文华．国企分红、在职消费与公司业绩［J］．管理世界，2008（09）．

［31］周仁俊，杨战兵，李礼．管理层激励与企业经营业绩的相关性——国有与非国有控股上市公司的比较［J］．会计研究，2010（12）．

［32］李艳丽，孙剑非，伊志宏．公司异质性、在职消费与机构投资者治理［J］．财经研究，2012（06）．

［33］傅颀，汪祥耀．所有权性质、高管货币薪酬与在职消费——基于管理层权力的视角［J］．中国工业经济，2013（12）．

［34］谢获宝，惠丽丽．市场化进程、企业绩效与高管过度隐性私有收益［J］．南方经济，2015（03）．

［35］王灿，干胜道，孙维章．员工薪酬财务公正性测度研究——基于四川省上市公司的经验数据［J］．四川大学学报（哲学社会科学版），2012（09）．

［36］谢获宝，惠丽丽．市场化进程、企业绩效与高管过度隐性私有收益［J］．南方经济，2015（03）．

［37］吴育辉，吴世农．企业高管自利行为及其影响因素研究——基于我国上市公司股权激励草案的证据［J］．管理世界，2010（05）．

［38］卢锐．管理层权力、薪酬差距与绩效［J］．南方经济，2007（07）．

［39］袁堂梅．高管薪酬差距与GDP损失［J］．宏观经济研究，2020（11）：123—134．

[40] 吕长江,赵宇恒. 国有企业管理者激励效应研究——基于管理者权力的解释[J]. 管理世界,2008(11).

[41] 张军,王祺. 权威、企业绩效与国有企业改革[J]. 中国社会科学,2004(05).

[42] 权小锋,吴世农,文芳. 管理层权力、私有收益与薪酬操纵[J]. 经济研究,2010(11).

[43] 方军雄. 我国上市公司高管的薪酬存在黏性吗?[J]. 经济研究,2009(03).

[44] 卢锐,魏明海,黎文靖. 管理层权力、在职消费与产权效率——来自中国上市公司的证据[J]. 南开管理评论,2008(05).

[45] Lazear, E. P., and S. Rosen, Rank-order Tournaments as Optimum Labor Contracts, Journal of Political Economy, 1981, 89: 841–864.

[46] Rosen, S., Prizes and Incentives in Elimination Tournaments, American Economic Review, 1986, 76: 701–715.

[47] Carpenter, M. A., and W. G. Sanders, The Effects of Top Management Team Pay and Firm Internationalization on MNC Performance, Journal of Management, 2004, 30(4): 509–528.

[48] Cowherd, D. M., and D. I. Levine, Product Quality and Pay Equity between Lower-level Employees and Top Management: An Investigation of Distributive Justice Theory, Administrative Science Quarterly, 1992, 37: 302–320.

[49] Williams, M. L., Antecedents of Employee Benefit Level Satisfaction: A Test of A Model, Journal of Management, 1995 (21): 1097–1128.

[50] Williams, M. L., M. A. McDaniel, and N. T. Nguyen, A Meta-Analysis of the Antecedents and Consequences of Pay Level Satisfaction, Journal of Applied Psychology, 2006 (91): 392–413.

[51] Lambert, R. A., D. F. Larcker, and K. Weigelt, The Structure of Organizational Incentives, Administrative Science Quarterly, 1993, 38: 438–461.

[52] Main, B. G. M., C. A. O'Reilly, and J. Wade, Top Executive Pay: Tournament or Teamwork?, Journal of Labor Economics, 1993, 11: 606–628.

[53] Eriksson, T., Executive Compensation and Tournament Theory: Empirical Tests on Danish Data, Journal of Labor Economics, 1999, 17: 262–280.

[54] Tae Yeol Kim, Xiao Wan Lin, Kwok Leung, A Dynamic Approach to Fairness: Effects of Temporal Changes of Fairness Perceptions on Job Attitudes [J]. Journal of Business and Psychology, 2015, (30): 163–175.

[55] Luo, Wei, Zhang, Yi, Zhu, Ning. Bank Ownership and Executive Per-

quisites: New Evidence from an Emerging Market. Journal of Corporate Finance, 2011, 17 (2): 352 – 370.

[56] Bebchuk L., J. Fried, and D. Walker, Managerial Power and Rent Extraction in the Design of Executive Compensation, University of Chicago Law Review, 2002, 69 (3): 751 – 846.

[57] Jensen, M. C., Murphy, K. J., Wruck, E.. Remuneration: Where We've been, How We Got to Here, What are the Problems, and How to Fix Them. Working Paper, Harvard University and the European Corporate Governance Institute, 2004.

第五章

薪酬水平、薪酬差距与创新投资

技术创新对经济持续增长起决定作用,它是企业潜力挖掘、价值提升的根本途径,也是综合国力提升的关键所在。胡锦涛同志在2006年的全国科技大会上就提出,到2020年,使中国的自主创新能力显著增强,进入创新型国家行列。党的十八大指出,科技创新是提高社会生产力和综合国力的战略支撑,必须摆在国家发展全局的核心位置。各级政府也高度重视技术创新,不断出台优惠政策鼓励企业加大创新投资。党的十九大报告再一次强调,"创新是引领发展的第一动力,是建设现代化经济体系的战略支撑",并提出"加快建设创新型国家"。国家实施创新驱动发展战略的主要目的在于通过增加创新投资和提高创新效率,促进经济持续增长。企业作为创新主体,能否建立高效的创新激励机制是其未来生存和发展的直接决定因素。在此制度背景下,研究这些创新驱动政策是否确实有效,研究宏观创新激励政策对于微观企业创新投资的传导机理,进而探讨如何促进企业增加创新投资强度和提高创新投资效率,是一个值得深入探索的问题。

现有文献对于高管薪酬差距与企业绩效的关系的研究较多,而对于企业内部高管与员工之间的薪酬差距影响企业创新投资决策及其效率的研究较少,尤其缺乏对企业内部高管与员工之间的薪酬差距与企业创新投资及其效率关系的研究。因此,本章将聚焦于企业内部高管与员工之间的薪酬差距,基于高管员工薪酬及其薪酬差异发挥作用的途径和机理的不同,分析企业内部高管与员工之间的薪酬差距对企业创新投资的激励作用,及其对企业创新效率的影响。

本章的主要贡献在于:(1)检验了企业内部薪酬差距对企业创新投资的影响;(2)考察了企业内部薪酬差距对企业创新投资产出效率的影响。与现有文献相比,本章拓展了企业内部薪酬差距经济后果的研究范围,为企业薪酬制度设计和薪酬激励政策提供经验数据支持和决策参考,促进企业内部治理效应发挥。

第一节 文献综述与研究问题的提出

由于创新投资具有高风险性、高不确定性、高信息不对称性、收益跨期性等特点，因此使融资约束严重、代理问题突出，极大地制约了企业的创新投资。从代理的角度看，出于个人私利，企业高管倾向于规避风险，因此需要建立完善的激励机制才能促使他们做出风险性较高的创新投资决策。作为激励机制重要组成部分的高管员工薪酬差距，对高管进行创新投资以及员工参与创新活动都有显著影响。薪酬差距对创新投资的影响也逐渐成为学者们关注和研究的热点。

一、薪酬差距与创新投资关系的国外研究现状

目前国外关于薪酬差距对创新投资的影响有两种截然不同的观点。有学者研究认为，较大的薪酬差距会降低员工工作积极性，不利于组织效率的提升。与此相反，也有学者研究认为，较大的薪酬差距能够提升员工的积极性，为获得较高薪酬不断竞争，增加高级管理人员的危机感，从而促使高级管理人员为企业长期发展承担较高风险，有利于企业创新投资水平的提升。

一方面，有学者研究证明薪酬差距与创新投资存在正相关关系。Lazear 和 Rosen (1979) 认为，较大的薪酬差距能够提升高级管理人员的积极性，高级管理人员为了获取晋升机会，得到更高的薪酬，愿意为了企业的长期发展承担较高的风险，从而有利于提高公司的创新投资水平。Rosen (1986) 提出，扩大高级管理人员与员工之间的薪酬差距，有利于激励员工为获得更高的收益、更高的地位而拼搏奋斗。Milkovich 和 Newman (1996) 认为，如果薪酬差距过小，高级管理人员极易认为自己没有得到与自己的能力、为企业所做的贡献相匹配的奖励，产生不平衡感，从而不愿为增加企业长期价值而进行高风险的创新投资。Thakor 和 Goel (2008) 认为，股东在制订高级管理人员薪酬方案以及职位时，主要参考高级管理人员以往的业绩水平，而职海无涯，不进则退，高级管理人员为了提高薪酬水平，获得更多的晋升机会，可能会为了高业绩而在制订投资决策时会更多地考虑高风险的投资项目。Williams 和 Kini (2012) 则是基于 Thakor 和 Goel (2008) 的研究，在投资项目的种类上深入研究，发现高级管理人员对于高风险投资项目的选择更偏向于企业研发方面的投资。Ryan 和 Omesh (2012) 认为，如果扩大高级管理人员员工薪酬差距，那么，公司研发投入相应地也会有所提高。

还有一部分学者的研究证明，高管员工薪酬差距对创新投资具有抑制作用。Milgrom 和 Roberts (1988) 认为薪酬差距过大，会导致员工降低工作积极性，在很大程度上会降低组织工作效率。Yellen 和 Akerlof (1990) 发现，如果薪酬差距较小，那

么高级管理人员团队内部气氛较为和谐，团队合作水平较高，同时高水平的工作能力促使团队有信心执行高风险高收益的投资项目。而 Levine 和 Cowherd（1992）则是从薪酬差距过大的角度进行研究，以心理学为切入点，发现在这种情况下，由于高级管理人员团队内部各成员薪资差距过大，导致低薪高管的工作积极性与工作效率大幅降低。在该研究角度，同样有 Pfeffer 和 Langton（1993）认为，高级管理人员团队内部各成员认为同伴之间工作水平相近，过大的薪酬差距只会让他们认为自己被别人剥削劳力，没有得到公正对待，使得团队内部充斥不满，工作水平大大降低，进而影响企业的整体发展。

二、薪酬差距与创新投资关系的国内研究现状

关于创新投资受高管员工薪酬差距的影响，国内主要有两种相反的观点：（1）薪酬差距拉大抑制创新投资。一部分学者的研究表明，较大的高管员工薪酬差距容易使员工产生被剥削感，从而引起员工的不满，因此不利于企业研发水平的提高。（2）薪酬差距拉大激励创新投资。另一部分学者的研究表明，薪酬激励效应与薪酬差距大小成正比，差距越大激励效果越强，高级管理人员对于风险的接受水平越高，那么高级管理人员进行研发投资的可能性越大。高管员工薪酬差距有利于企业对创新的投资，差距越大创新投资越多。具体如下：

一是薪酬差距拉大激励创新投资。巩娜和刘清源（2015）的研究发现，在民营上市公司，高管团队薪酬差距与创新投资支出显著正相关。程新生等（2012）的研究表明，企业内部薪酬差距能够显著增加企业创新产出。孔东民等（2017）的研究发现，企业内部高管员工薪酬差距扩大能显著激励企业的创新产出；进一步的研究表明，推动企业创新的主导因素是企业薪酬差距中的管理层薪酬溢价。

二是薪酬差距拉大抑制创新投资。行为理论认为加大薪酬差距会增加团队内部的不公平性，严重影响研发决策，并继续影响研发工作过程中的团队合作，从而得出扩大企业内部高管员工之间的薪酬差距将严重抑制创新投资的结果（吕巍、张书恺，2015）。翟淑萍等（2017）基于行为理论和管理者权力假说研究表明，在高新技术企业中，普通研发人员的技术合作和共享意识会受到高管员工薪酬差距加大的不利影响，从而抑制企业的创新效率。江伟等（2018）的研究发现，创新活动本身具有周期长、风险大的特点，因此需要参与人员紧密合作，全面搜集信息、充分交流信息，这种合作氛围很容易受到高管员工薪酬差距扩大的破坏，从而降低创新团队成员的工作积极性，所以扩大高管员工薪酬差距将显著抑制企业的创新质量。

另外，还有少部分学者的文献研究结果表明：薪酬差距对创新投资的影响是非线性的。解维敏（2017）的研究证明，企业内部薪酬差距与企业专利申请数量呈现先增加后减少的倒"U"形关系。

三、研究问题的提出

目前,关于高管员工薪酬差距对企业创新投资影响的研究结论还不统一,并且现有文献仅限于对高管员工薪酬差距与企业创新投资之间是正相关、负相关还是倒"U"形关系以及相应的理论解释:支持锦标赛理论的研究仅发现"高管与职工的薪酬差距与企业创新投资正相关";行为理论方面的研究结论仅是"企业存在的巨大薪酬差距可能会带来严重的社会分配不公问题"。在内部薪酬差距可能并不激励高管方面,只是探讨了"产生薪酬差距的原因在于薪酬设计"。也就是说,上述研究仅考察了薪酬差距与企业会计创新投资的直接关系,并没有深入探讨和阐释薪酬差距如何提升企业创新投资的内在机理,或者薪酬差距引起的社会分配不公会造成什么样的创新效果。而这些恰恰是高管与员工之间薪酬差距对企业创新投资及其创新投资产出效果产生影响的根源以及制定或者修改相关政策的依据。

因此,本章将检验高管员工薪酬差距与企业创新投资的关系,及其对企业创新效率的影响,更深入地考察企业高管与员工之间的薪酬差距对创新投资增长的影响、对创新投资转化效率的影响,以及深入全面地探索内部薪酬差距影响企业创新投资增长的内在机理。其中最需要关注和深入探讨的问题是:如果企业内部高管与员工之间的薪酬差距对于企业创新投资增长有显著的激励效应,一方面,其薪酬差距激励效应的来源是什么?是薪酬差距本身还是薪酬水平的提高?另一方面,其薪酬差距激励效应的效果是什么?是投资额的增加还是效率的提高?还是二者兼而有之?

薪酬差距的决定因素不同会导致薪酬差距效果不同。如果管理层权力下的薪酬制度设计是影响薪酬差距产生的主要原因,那么在企业人工成本的总量需要控制的情况下,薪酬差距拉大一方面提高了高管薪酬,另一方面则可能相对减少了普通员工的报酬,这个差距也就一方面可能激励高管,另一方面更多地影响普通员工的工作积极性,由此企业高管与员工薪酬差距对企业创新投资的影响,并不能简单地用行为理论或锦标赛理论来解释,可能需要把它们结合起来。要考察薪酬差距的激励作用是否符合我国企业文化环境和现实情况,不仅需要考察薪酬差距与创新投资的关系,还要进一步分别考察薪酬差距对于创新效率的激励效应。这正是本章的研究重点。

四、本章将进行的研究工作

基于上述分析,本章在已有文献研究基础上,基于管理者权力薪酬契约设计,进一步考察高管与普通员工薪酬差距对于企业创新投资的激励作用,以及对于创新工作效率的影响;分析激励正效果的来源或者激励负效果的效率损失,以期深入讨论行为理论或者锦标赛理论对我国企业创新投资及其效果的影响。

本章将进行以下研究工作:第一,重新考察薪酬差距与企业创新投资的关系;第二,考察薪酬差距与企业创新工作效率的关系;第三,考察在企业人工成本总量需要控制的情况下，拉大薪酬差距时创新投资效率提高的来源，解释企业创新效率增长的来源渠道；第四，进行一系列的附加检验与稳健性检验。

第二节 理论分析与假设提出

一、薪酬差距与创新投资

高管团队成员合作对创新投资具有重要意义。企业创新投资的成功与否主要取决于企业的创新投资意愿和创新研发能力。企业研发能力主要依赖于企业技术水平、资金富裕程度及企业管理结构等；投资意愿则主要受到掌控企业关键信息以及创新投资决策权的高级管理人员团队的激励方式和激励程度的影响。企业要有足够强的研发能力，同时具有较强的投资意愿，创新才能成功实现。在现代企业，只有足够重视企业创新，企业创新研发活动才能被大力推动；同时，只有高层管理团队成员能够团结协作、聚合各个高级管理人员的能力，并能整合个体资源，才能促使高管以创新为导向，合理调用和配置企业资源，为企业生命线续航。

要想提高企业的创新投资水平，高级管理人员团队本身所具有的异质性和技能多样化必须能够满足企业创新投资复杂性的需要。但同时我们也要认识到，高级管理人员团队是一个整体，尽管高级管理人员团队的特质能满足创新投资的复杂多变，但作为一把"双刃剑"，如果高级管理人员团队没有高效协调的团队协作能力来梳理整合各方面的技能、发挥优势，那么，高级管理人员团队成员过于多样化的思想、技能，只会让团队意见对冲，可以从无数个角度配置资源，却始终无法得到最优的资源配置方案，造成资源的无谓浪费以及企业创新投资知识源泉的缺失。如果高级管理人员团队协作水平足够高，成员间的交流也会愈加频繁，高级管理人员团队的凝聚力也就越大，从而为创新投资决策的实施提供推动力。而且，高级管理人员团队合作水平越高，公司的风险承担能力就越高，同时优越的职场环境也能激发高级管理人员的思考，开拓公司创新领域，推动公司创新投资。

Bebchuk 等于 2002 年提出薪酬契约管理层权力假说，认为企业高管拥有的管理层权力会随着时间逐渐扩大，最终可以自定薪酬。高管权力越大，自定薪酬的能力就越强，从而影响公司内部薪酬差距的大小。目前管理层权力假说已获得不少文献研究的支持，管理层完全有动机并且有能力影响自己的薪酬，企业管理层权力越大，越会拉大高管与职工之间的薪酬差距。Bebchuk 和 Fried（2003）的研究认为，当经理人的权力足够大时，经理人会在很大程度上影响或者决定高管层的薪酬。Jensen 和 Murphy（2004）的研究表明，在实践中由于经理人与董事会的信息不对称，高管会掌握更详细更充分的信息、更好的业务专长和充足的时间，高管的薪酬只是由董事会表决，从而产生代理问题。吴育辉和吴世农（2010）的研究表明，非国企高管比国企高管更容易利用自己对公司的掌控权来提高自身的薪酬水平，因为相对而言，国有企业会受到政府更为严格的管控。黎文靖（2014）提出，企业的高管薪酬水平会基于平均的行业高管薪酬基准自动调整。吕长江、赵宇恒（2008）、卢锐（2007）的研究发现，在制定薪酬契约的过程中，存在高管利用其权力操纵管理者薪酬契约制定，从而导致薪酬差距扩大的现象。张军、王祺（2004）、方军雄（2011）的研究发现，国有企业高管在企业拥有的权威，容易产生和执行不对等的职工薪酬契约。权小锋等（2010）的研究表明，在高管权力比较大的国企中，当高管利用管理层权力影响薪酬制定时，很可能表现为高管自身薪酬的提升幅度较大，而职工薪酬的提升幅度相对较小，从而造成薪酬差距扩大的同时企业人工成本的总体水平处于可控状态。

方军雄（2009，2011）的研究表明，管理层权力能够导致非对称的高管薪酬业绩敏感性，具体表现为企业业绩下降时的高管薪酬降幅低于企业业绩上升时的高管薪酬增幅；同时，在企业业绩上升时管理者的薪酬提升幅度大于普通员工，但是在企业业绩下降时管理者的薪酬降低幅度没有显著低于普通员工。因此，管理层权力的影响，使我国企业存在"薪酬尺蠖效应"，导致高管与职工薪酬差距的不断扩大。黎文靖和胡玉明（2012）的研究表明，管理层权力与薪酬差距存在显著的正相关关系，在一定程度上反映了过大的薪酬差距体现管理层的权力。因此，在考察企业薪酬差距来源时，应该重点关注管理层权力影响薪酬制度设计这个因素。

行为理论认为薪酬差距的扩大是对团队内部公平性的损害，不利于研发团队成员之间的合作和研发决策的制定和实施，吕巍、张书恺（2015）的研究指出，企业创新与企业高管员工薪酬差距显著负相关，说明薪酬差距对企业创新起消极作用。翟淑萍等（2017）以高新技术企业数据，验证了扩大高管员工薪酬差距将会严重影响普通研发人员的共享意识和技术合作关系的建立，结果导致企业创新效率的下降。江伟等（2018）的研究指出，创新活动特别需要创新者进行广泛的信息搜集、充分的信息交流以及紧密的团队合作，高管员工薪酬差距的扩大将会严重破坏这种合作氛围，从而严重影响员工的工作积极性，因此薪酬差距显著抑制企业创新。

基于以上两个方面的分析，高管薪酬差距扩大将不利于企业创新投资增长，因此提出以下假设：

假设1：高管员工薪酬差距与企业创新投资增长负相关。

二、高管薪酬水平对创新投资的影响

创新对企业的成长和长远发展至关重要，在现代企业中所有权和经营权分离，创新活动由管理层决定和推动，出于风险承担、个人短期业绩和声誉的考虑，高层管理者通常不愿意进行创新投资这种高风险的决策。通过薪酬对管理层进行激励是解决这种代理冲突问题的一种常用方法，为了促进管理层利益与股东利益一致，需要给予高管有效的薪酬激励，以抑制管理者的风险规避行为，减少短视行为，从而增加创新投资额。

需要设计有效的薪酬激励机制，使高管愿意承担创新投资风险。有研究表明，对管理者的有效薪酬激励可以影响企业管理者对于创新投资的风险偏好，减轻企业管理者对于创新投资的风险厌恶情绪，能够有效抑制管理者的投资机会主义行为，从而提高高管对创新投资的风险承担水平。

Belloc（2012）的研究表明，创新的核心是通过建立有效的薪酬激励机制，将企业人力资源和其他资源相整合，鼓励管理层积极推进企业创新活动，鼓励企业员工积极参与。管理层作为公司投资、经营的决策者，决定着企业的创新投资强度以及创新绩效高低。现有文献研究中，刘振（2014）、Chang X，Fu K，Low A（2015）、陈华东（2016）的研究均表明，企业短期货币薪酬激励和长期股权激励对管理层促进创新投资都有显著的正向影响。

基于以上分析，提出以下假设：

假设2：高管薪酬水平与企业创新投资增长正相关。

三、薪酬水平及高管-员工薪酬差距对创新投资转化效率的影响

伍晓奕、汪纯孝和谢礼珊（2006）认为只有企业员工对自己的薪酬和福利感到满意时，才会愿意付出更多的努力回报企业，进而促进企业绩效提高。陈冬华（2012）基于中国上市公司数据进行的研究表明，职工薪酬对企业会计业绩有正面影响，企业职工薪酬增长与企业未来会计业绩增长有着明显的正相关关系。鲁小东等（2012）以我国上市公司2001—2009年的数据为样本，研究了企业成长性与普通职工薪酬成长性之间的关系，发现普通职工薪酬与公司成长性是同方向变化的。董斌、曲蓬（2014）以非金融A股公司2000—2011年数据为样本进行了研究，发现普通职工薪酬与公司经营业绩存在显著的正相关关系。陈琛、冉秋红（2015）选取611家制造业上市公司2009—2013年的数据为研究对象进行了相关检验，结论与董斌一致，普通员工薪酬的提高能够显著增强员工的工作积极性，提高其工作效率，从而提升企业绩效。张燕红、李洁（2016）通过运用2014年沪、深A股上市公司数据，证明普通职工薪酬对企业绩效有正向影响，即提高企业普通员工的工资能很好地调动企业普通员工的工作积极性，提高劳动效率，从而提高企业整体绩效。当员工获得公司支付的相对较高的工资时，不仅工作积极性会提高，工作态度也会改变，从而工作效率提高，这就是效率工作理论。

综合以上分析，企业向职工发放高薪酬能够促使员工高效率工作，从而使企业绩效得到提升。高管薪酬分配是否公平决定了高管的决策行为，而对员工薪酬分配公平与否决定了员工对高管决策的执行力度与效率高低，因此高管与员工薪酬差距决定了企业创新投资成果与效率的高低。基于以上分析，提出以下假设：

假设3：高管－员工薪酬差距与创新投资转化效率成反比；
假设4：提升职工薪酬水平可以提升企业的创新投资转化效率。

第三节 变量的选择计量与研究模型

一、变量的选择计量

（一）主变量的选择与计量

一是创新投资新增额：ΔR&D。R&D反映企业的创新投资活动和创新能力。用企业研发投资本期增加（追加）额进行衡量：为了避免没有研发投资本期增加额的样本无效，在衡量时用企业研发投资本期增加额＋1取对数进行标准化。

二是企业创新产出：Patent。借鉴孔东民等（2017）、Shen和Zhang（2018）等的做法，本章使用赋权专利授权总量、企业发明专利申请数量等四个指标分别衡量企业创新产出，赋权专利授权总量指标是按照0.5:0.3:0.2的比例赋予发明、实用新型和外观设计专利授权数权重的总和加1取自然对数，即：Patent = Ln（Spatent + 1）。其中，Patent衡量企业创新产出，Spatent是企业发明专利申请数量指标值或者赋权专利授权总量指标值。

Patent：赋权专利授权总量，发明、实用新型和外观设计专利授权数按照0.5:0.3:0.2赋予权重的总和加1取自然对数。

三是职工薪酬与人工成本，包括以下几种：

①AC：人工总成本（Artificial Cost）。企业为获得职工提供的服务给予或付出的各种形式的对价，包括货币性报酬和非货币性报酬，都构成"人工成本"。但由于在我国较难获取非货币性薪酬数据，同时在整个职工薪酬中非货币性薪酬所占比例相对较少，所以本书在衡量职工薪酬时只考虑货币性薪酬。

②TRC：人工成本在总成本中的比重，等于应支付给职工以及为职工支付的现金除以营业总成本。

③Tpay：职工薪酬总额，即全年应该支付给职工以及为职工支付的现金
＝支付给职工以及为职工支付的薪酬＋（应付职工薪酬账户期末余额－期初余额），取自然对数进行标准化。

④PPay：人均职工薪酬＝全年应该支付给职工以及为职工支付的现金÷领取薪酬的在职员工平均人数，回归模型中取自然对数进行标准化。

⑤Wpay：普通员工人均薪酬（Workers' Pay）＝（应支付给职工以及为职工支付的现金－董事、监事及高管年薪总额）÷（全年平均职工人数－领取薪酬的董事、监事及高管人数），用普通员工人均薪酬的自然对数进行标准化。

⑥MPay：高管薪酬＝高管前3名年薪总和÷3。

四是薪酬差距包括以下两种：

①MWPG，高管员工薪酬差距，指企业高管前3名的平均薪酬与普通职工平均薪酬的差距，借鉴黎文靖、胡玉明（2012）的算法（企业内部薪酬差距是估算的企业内部薪酬差距的近似测量，大体上表示为企业高管平均个人薪酬与职工平均个人薪酬之间的差额）：

MWPG = MPay – WPay =（高管前3名年薪总和÷3）– 职工薪酬÷（职工人数 – 高管人数）

②MMPG，高管内部薪酬差距＝高管前3名年薪总和÷3 –（高管薪酬总额 – 高管前3名薪酬）÷（高管人数 – 3），取自然对数进行标准化。

（二）控制变量的选择与计量

借鉴 Jia 等（2016）、孔东民等（2017）、Shen 和 Zhang（2018）的研究，控制了影响企业创新效率的企业特征变量，例如，公司杠杆、公司成长性、公司绩效（ROA）、公司规模等；另外还控制了行业和年份等虚拟变量。各变量的具体定义如下：

SIZE：公司资产规模，主要从企业资产规模角度考虑对企业成本、收益和价值创造的影响。

NumE：职工人数（Number of Employee），公司职工规模，主要考虑职工人数对企业收益和新创造价值的影响，用企业职工平均人数的自然对数作为控制变量。

CFO：经营活动现金流量净额，选取企业当年的自由现金流，并用年初和年末的平均资产进行标准化。主要从现金流的角度考虑对企业成本、收益和价值创造的影响。

GROW：企业成长性用主营业务收入增长率表示，主要从企业销售收入增长的角度考虑对企业成本、收益和价值创造的影响。

LEV：财务杠杆用资产负债率表示，年末总负债除以总资产。主要从偿债能力的角度考虑对企业经营状况的影响。

LHR：第一大股东持股比例。

TBQ：托宾Q，企业投资机会，反映市场对于公司未来发展状况的预先判断。计算方法为：（年个股总市值＋总负债）÷总资产。

ROA：资产收益率，主要从企业经营效益的角度考虑对企业研发投入的影响，孙玉军（2015）研究发现上市公司研发投入与经营绩效呈显著的正相关性。

FH：第一大股东持股比例。

AGE：公司成立的年龄。根据国泰安数据库中给出的上市公司的成立年份进行计算确定。

Sep：两职合一比率。

本章模型中用到的指标及指标内涵解释如表 5-1 所示。

表 5-1　　　　　　　　　　模型中用到的变量和变量解释

变量	变量定义
ΔR&D	企业研发投资本期增加额。为了避免没有研发投资本期增加额的样本数无效，在衡量时用企业研发投资本期增加额 +1 取对数进行标准化
MWPG	高管与普通员工平均薪酬差距 = MPay - WPay = （高管前 3 名年薪总和 ÷3）- 职工薪酬 ÷（职工人数 - 高管人数）。取自然对数进行标准化
MMPG	高管内部薪酬差距 =（高管前 3 名年薪总和 ÷3）-（高管薪酬总额 - 高管前 3 名薪酬）÷（高管人数 -3）。取自然对数进行标准化
PATENT	创新产出，通过赋权专利授权总量和企业发明专利申请数量等衡量
ROA	资产收益率 = 企业净利润 ÷ 平均资产
VC	企业劳动者新创造的价值，即企业新增价值 = 应支付给职工以及为职工支付的现金 + 财务费用 + 应支付的各项税费 + 净利润。回归模型中取自然对数进行标准化
VCOA	单位资产价值产出率，平均每一单位资产分摊的企业新创造价值 = 企业劳动者新创造的价值 VC ÷ 企业总资产
PVC	人均价值创造 = 企业劳动者新创造的价值 VC ÷ 平均职工人数。回归模型中取自然对数来标准化
TRC	企业人工成本占总成本的比重 = 应支付给职工以及为职工支付的现金 ÷ 营业总成本
Epay	企业年度应支付职工薪酬总额。回归模型中取自然对数来标准化
PEPay	人均职工薪酬 = 全年应该支付给职工以及为职工支付的现金 ÷ 领取薪酬的在职员工平均人数。回归模型中以职工人均薪酬的自然对数来表示
WPay	普通职工人均薪酬，回归时取自然对数来标准化
MPay	高管薪酬。高管前 3 名平均年薪 = 高管前 3 名年薪总和 ÷3。取自然对数进行标准化
PeriER	期间费用比率 = 期间费用 ÷ 营业总成本
SIZE	公司规模。以总资产取自然对数来衡量
NumE	职工人数，即公司职工规模，用企业职工平均人数的自然对数表示。主要考虑职工人数对企业收益和价值创造的影响
CFO	经营活动现金流量净额，选取企业当年的自由现金流，并用年初和年末的平均资产进行标准化
LEV	资产负债率 = 年末总负债 ÷ 总资产。主要从偿债能力的角度考虑对企业经营状况的影响
Grow	企业成长性，以主营业务收入增长率衡量
LHR	第一大股东持股比率（%）
Sep	两权分离率（%）
TBQ	托宾 Q，表示企业投资机会，反映市场对公司未来发展状况的预先判断
AGE	公司成立的年龄
ε	误差项

二、研究模型构建

参照前人的研究,并根据本章设计和增加的变量,给出以下回归模型,分别验证上面各假设:

$$\Delta R\&D_{it} = a_0 + a_1 MMPG_{it} + a_2 SIZE_{it} + a_3 LEV_{it} + a_4 CFO_{it} + a_5 FH_{it} + a_6 TBQ_{it} + a_7 GROW_{it} + a_8 ROA_{it} + a_9 AGE_{it} + a_K \sum Industry + a_J \sum Year + \varepsilon \quad (模型1)$$

$$\Delta R\&D_{it} = a_0 + a_1 MMPG_{it} + a_2 MPay_{it} + a_3 WPay_{it} + a_4 SIZE_{it} + a_5 LEV_{it} + a_6 CFO_{it} + a_7 FH_{it} + a_8 TBQ_{it} + a_9 GROW_{it} + a_{10} ROA_{it} + a_{11} AGE_{it} + a_K \sum Industry + a_J \sum Year + \varepsilon \quad (模型2)$$

$$PATENT_{it} = a_0 + a_1 MWPG_{it} + a_2 SIZE_{it} + a_3 LEV_{it} + a_4 CFO_{it} + a_5 FH_{it} + a_6 TBQ_{it} + a_7 GROW_{it} + a_8 ROA_{it} + a_9 AGE_{it} + a_K \sum Industry + a_J \sum Year + \varepsilon \quad (模型3)$$

$$PATENT_{it} = a_0 + a_1 MWPG_{it} + a_2 MPay_{it} + a_3 WPay_{it} + a_4 SIZE_{it} + a_5 LEV_{it} + a_6 CFO_{it} + a_7 FH_{it} + a_8 TBQ_{it} + a_9 GROW_{it} + a_{10} ROA_{it} + a_{11} AGE_{it} + a_K \sum Industry + a_J \sum Year + \varepsilon \quad (模型4)$$

第四节 样本选择与数据

一、样本选取与数据来源

由于受企业创新产出数据的限制,本章选取沪、深两市2012—2015年A股上市公司作为总样本,从CSMAR数据库中最初获取2012—2015年全部上市公司的10512个公司年度数据。在此基础上,参考刘丽莎(2016)、袁建国等(2016)、李彬等(2017)等文献的做法,按照以下标准剔除数据不齐全的样本公司和极端值企业,最终整理包含4211个年度观测值的样本。具体的剔除标准有:(1)去除非A股上市公司;(2)去掉金融、教育、新闻出版公司;(3)去除资产负债率为负及大于1的公司;(4)去掉息税前盈余为负的公司;(5)去掉所得税费用为0或负的公司;(6)去掉数据不完整的公司。最终得到了由4211个年度公司观测值组成的沪、深A股最终样本。本章的研发投资数据、职工薪酬、专利、股权结构等数据取自国泰安数据库(CSMAR)。

二、描述性统计

表5-2列示的是样本中各变量的描述性统计结果。从表5-2可以看出:(1)$\Delta R\&D$的最大值是23,最小值0,企业与企业之间的差距较大;(2)我国第一大股东持股比例从最低的0.29%到最高的92.26%,均值为36.75%;(3)实际所得税负担率(TAX4)最低值为0,最高值为22.02%,平均值为18.13%。

表 5-2　　　　　　　　　　全样本描述性统计

变量	N	极小值	极大值	均值	标准差
ΔR&D	4211	0.0000	23.0000	3.6400	7.0640
TAX1	4211	-24.3538	-5.2470	-17.4521	1.8734
TAX2	4211	-26.0000	0.0000	-16.9700	2.0160
TAX3	4211	-26.0000	0.0000	-18.1100	1.7410
TAX4	4211	0.0000	22.0223	0.1813	2.1825
FH	4211	0.2900	92.2600	36.7509	16.0426
CFO	4211	-0.7418	0.8759	0.0511	0.0789
TBQ	4211	0.2009	102.4296	2.4287	3.3001
SIZE	4211	17.7569	28.5087	22.4867	1.3806
LEV	4211	0.0282	0.9865	0.4950	0.1982
GROW	4211	-25.3690	4500.0156	4.4855	97.8009
ROA	4211	-0.0535	10.4009	0.0488	0.2105
AGE	4211	8.0000	40.0000	22.1100	4.5280

注：所有变量的含义见表 5-1。

三、变量相关性分析

从表 5-3 可以看出，增量创新投资与公司规模在 1% 的水平上显著正相关，与第一大股东持股比例、经营活动现金流、公司经营年限等指标均在 1% 的水平上显著负相关；增量研发投入与现金持有量指标、经营活动现金流、第一大股东持股、公司负债、公司规模显著正相关，与所得税费用负值、流转税费用负值、税收总额费用负值 ROA 显著负相关；各项税收优惠指标与公司规模、经营活动现金流、第一大股东持股、公司负债水平显著负相关。

表 5-3　　　　　　　　　　全样本相关系数表

	ΔR&D	TAX1	TAX2	TAX3	FH	CFO	SIZE	LEV	ROA
ΔR&D	1	-0.007	-0.013	-0.005	-0.047**	-0.063**	0.082**	0.027	-0.021
		0.65	0.391	0.764	0.002	0	0	0.082	0.181
TAX1	-0.007	1	0.682**	0.899**	-0.315**	-0.213**	-0.734**	-0.096**	-0.051**
	0.65		0	0	0	0	0	0	0.001
TAX2	-0.013	0.682**	1	0.867**	-0.260**	-0.120**	-0.703**	-0.233**	0.011
	0.391	0		0	0	0	0	0	0.465
TAX3	-0.005	0.899**	0.867**	1	-0.327**	-0.188**	-0.802**	-0.181**	-0.031*
	0.764	0	0		0	0	0	0	0.043

续表

	ΔR&D	TAX1	TAX2	TAX3	FH	CFO	SIZE	LEV	ROA
FH	-0.047**	-0.315**	-0.260**	-0.327**	1	0.110**	0.329**	0.015	-0.011
	0.002	0	0	0		0	0	0.337	0.484
CFO	-0.063**	-0.213**	-0.120**	-0.188**	0.110**	1	0.065**	-0.136**	-0.014
	0	0	0	0	0		0	0	0.369
SIZE	0.082**	-0.734**	-0.703**	-0.802**	0.329**	0.065**	1	0.347**	-0.070**
	0	0	0	0	0	0		0	0
LEV	0.027	-0.096**	-0.233**	-0.181**	0.015	-0.136**	0.347**	1	-0.042**
	0.082	0	0	0	0.337	0	0		0.007
ROA	-0.021	-0.051**	0.011	-0.031*	-0.011	-0.014	-0.070**	-0.042**	1
	0.181	0.001	0.465	0.043	0.484	0.369	0	0.007	

注:(1)所有变量的含义见表5-1;(2)在Pearson相关性检验结果中,** 表示在1%水平(双侧)上显著相关,* 表示在5%水平(双侧)上显著相关。

第五节 实证结果及分析

为更深入地分析薪酬差距对创新投资及其转化效率的影响,通过前面提出的多元回归模型对假设进行检验,结果见表5-4至表5-8。

一、薪酬差距与创新投资的回归结果及分析

以企业创新投资增长ΔR&D为因变量,以企业高管员工薪酬差距为自变量,分别对全样本、职工工资低组样本、职工工资高组样本进行回归,表5-4是模型1的回归结果。表5-4中高管与员工之间的薪酬差距与企业创新投资增长在全样本、职工工资高组样本中均为显著的负相关关系,分别是在1%的水平上显著。说明在我国,在职工平均工资比较高的企业,薪酬差距的扩大明显不能促进企业创新投资的增加,反而影响创新投资的投入。这部分回归结果与假设相符。

而在职工工资低组样本的回归结果中,高管员工薪酬差距与企业创新投资增长显著正相关(在10%的水平上显著),这部分回归结果与假设不相符。这一结果是否说明在我国职工平均工资比较低的企业,薪酬差距加大,就能够激励高管增加企业创新投资?或者说在员工薪酬低于市场平均水平的企业,薪酬差距拉大尚有一定的激励作用?在员工薪酬低于市场平均水平的企业将抑制薪酬差距带来的不公平作用?还是在员工平均工资比较低的企业,薪酬差距加大能够明显提高职工工作效率的原因,是薪酬差距扩大的原因还是另有途径?这些都需要对模型2作进一步的检验。

表 5-4　　　　　　　薪酬差距与创新投资增长的回归结果

因变量：ΔR&D	全样本	t	Sig.	低组	t	Sig.	高组	t	Sig.
（常量）	0.122	5.447	0	0.076	3.504	0	0.27	6.52	0
MWPG	-0.001***	-3.8	0	0.001	1.663	0.096	-0.002	-3.529	0
SIZE	-0.002	-1.425	0.154	-0.002	-1.515	0.13	-0.009	-3.789	0
Size2	0.001	0.505	0.614	0.003	2.157	0.031	0.004	1.851	0.064
LEV	-0.067	-11.46	0	-0.069	-14.5	0	-0.055	-4.894	0
CFO	0.109	8.042	0	0.108	9.619	0	0.087	3.441	0.001
GROW	0.000	1.203	0.229	0.000	2.154	0.031	0.000	0.79	0.43
YEAR	控制			控制			控制		
行业	控制			控制			控制		
adj R2	0.066			0.163			0.050		
F	13.306	0.000		18.876	0.000		5.640	0.000	
N	4038			2018			2019		

注：(1) 所有变量的含义见表 5-1；(2) *** 表示在1%的水平上显著，** 表示在5%的水平上显著，* 表示在10%的水平上显著。

二、薪酬水平、薪酬差距与创新投资增长的回归结果及分析

模型 2 的回归结果见表 5-5，即以企业高管薪酬、员工薪酬以及高管员工薪酬差距为自变量，以企业创新投资增长 ΔR&D 为因变量，分别对全样本、职工工资低组样本、职工工资高组样本进行模型 2 的回归结果。在表 5-5 的全样本中，薪酬差距与企业创新投资增加额，无论在全样本还是在职工工资低组样本、职工工资高组样本中均显著负相关，显著性水平分别是 1%、5%、1%；高管薪酬水平与企业创新投资增加额无论在全样本、职工工资低组样本、职工工资高组样本中均显著正相关，显著性水平都是 1%；员工薪酬水平与企业创新投资增加额，在全样本、职工工资高组样本中显著正相关，显著性水平都是 1% 和 5%，说明在职工工资低组样本回归结果中，员工薪酬水平与企业创新投资增加额负相关但不显著。

表 5-5　　　　　　　薪酬水平、薪酬差距与创新投资增长的回归结果

因变量：ΔR&D	全样本	t	Sig.	低组	t	Sig.	高组	t	Sig.
（常量）	-0.081	-2.935	0.003	-0.015	-0.477	0.633	-0.018	-0.27	0.787
Mpay	0.017	8.827	0	0.015	8.235	0	0.017	4.85	0
WPay	0.012	4.679	0	-0.002	-0.639	0.523	0.014	2.384	0.017
MWPG	-0.002	-4.915	0	-0.002	-2.241	0.025	-0.002	-3.138	0.002
SIZE	-0.01	-6.416	0	-0.004	-3.005	0.003	-0.015	-5.593	0

续表

因变量：ΔR&D	全样本	t	Sig.	低组	t	Sig.	高组	t	Sig.
Size2	0.004	2.593	0.01	0.001	0.509	0.611	0.007	2.878	0.004
LEV	-0.057	-9.844	0	-0.063	-13.43	0	-0.049	-4.369	0
CFO	0.089	6.497	0	0.108	9.531	0	0.068	2.709	0.007
GROW	0.000	1.263	0.207	0.000	1.784	0.075	0.000	0.519	0.604
YEAR	控制			控制			控制		
行业	控制			控制			控制		
adj R2	0.101			0.200			0.069		
F	19.174	0.000		22.004	0.000		6.967	0.000	
N	4027			2014			2012		

注：(1) 所有变量的含义见表5-1；(2) *** 表示在1%的水平上显著，** 表示在5%的水平上显著，* 表示在10%的水平上显著。

由此说明，在职工薪酬低组，激励企业创新投资增加的因素是高管员工薪酬的增长，而不是高管员工薪酬差距的扩大，尤其是薪酬差距扩大起完全相反的抑制作用。即在企业职工平均工资比较低组，价值创造的提升是由于企业职工薪酬水平提升的激励结果，而不是薪酬差距的激励效应。也就是说企业职工平均工资比较低组，职工薪酬增长特别是高管薪酬的增长能够激励企业增加创新投资，薪酬差距扩大同样只有抑制创新投资的作用。总之，职工薪酬低组，企业创新投资增长的提升是由于企业职工薪酬水平提升的激励结果，而非薪酬差距的激励效应。也说明我国在职工平均工资比较高的企业，加大薪酬差距，明显不能促进企业增加创新投资，反而起抑制作用，降低企业创新投资增加额。

综合以上两个方面验证了假设1和假设2。

三、高管员工薪酬差距对创新投资转化效率影响的回归结果及分析

表5-6报告了模型3的回归结果，即以企业赋权专利授权总量为因变量，以企业高管员工薪酬差距为自变量，分别对全样本、职工工资低组样本、职工工资高组样本进行回归，模型3的回归结果见表5-6。表5-6中高管员工薪酬差距与企业创新投资转化率指标"赋权专利授权总量"在全样本、职工工资高组样本中均为显著的负相关关系，分别是在1%的水平上显著。说明在我国，在职工平均工资比较高的企业，薪酬差距的扩大，明显不能促进企业创新投资的转化效率，反而影响创新投资的转化效率。这一回归结果与假设不相符，因此需要作进一步的检验。在职工工资低组样本的回归结果中，高管员工薪酬差距与企业创新投资转化率指标"赋权专利授权总量"显著正相关（在5%的水平上显著），这一结果是否说明在我国职工平均工资比较低的企业，薪酬差距加大，就能够激励职工创新工作的积极性，提高创新投资转

化率？或者说在员工平均薪酬水平低于市场平均水平的企业，薪酬差距扩大尚有一定的激励作用？在员工薪酬低于市场平均水平的企业将抑制薪酬差距带来的不公平作用？还是在员工平均工资比较低的企业里，薪酬差距扩大能够明显提高职工工作效率的原因，是薪酬差距扩大的原因还是另有途径？都需要对模型4作进一步的检验。

表5-6　　　　　　　薪酬差距与创新投资转化效率的回归结果

因变量：Patent	全样本	t	Sig.	低组	t	Sig.	高组	t	Sig.
（常量）	0.911	6.091	0	2.29	10.362	0	2.018	9.778	0
MWPG	-0.016	-7.763	0	0.011	2.18	0.029	-0.018	-8.504	0
SIZE	0.718	82.112	0	0.591	45.026	0	0.671	54.997	0
Size2	0.324	37.899	0	0.437	35.673	0	0.339	29.072	0
LEV	-0.532	-13.59	0	-0.409	-8.437	0	-0.523	-9.395	0
CFO	1.64	18.053	0	1.066	9.264	0	1.811	14.445	0
GROW	0.000	0.002	0.998	0.000	-0.625	0.532	0	1.519	0.129
YEAR	控制			控制			控制		
行业	控制			控制			控制		
adj R2	0.908			0.896			0.925		
F	1729.814	0.000		787.678	0.000		1076.020	0.000	
N	4038			2018			2019		

注：(1) 所有变量的含义见表5-1；(2) *** 表示在1%的水平上显著，** 表示在5%的水平上显著，* 表示在10%的水平上显著。

四、薪酬水平、薪酬差距与创新投资转化效率的回归结果及分析

表5-7报告了模型4的回归结果，即以企业创新投资转化效率"赋权专利授权总量"为因变量，分别以企业高管薪酬、员工薪酬和高管员工薪酬差距为自变量，对全样本、职工工资低组样本、职工工资高组样本进行回归的结果。在表5-7的全样本中，薪酬差距与企业创新投资转化效率指标"赋权专利授权总量"，无论在全样本、职工工资低组样本、职工工资高组样本中均显著负相关，显著性水平分别是1%、1%、10%；高管薪酬水平与企业创新投资转化效率指标"赋权专利授权总量"，无论在全样本、职工工资低组样本、职工工资高组样本中均显著正相关，显著性水平都是1%；员工薪酬水平与企业创新投资转化效率指标"赋权专利授权总量"，在全样本、职工工资低组样本、职工工资高组样本中显著正相关，都是在1%的水平上显著。由此说明，在职工薪酬低组，激励企业职工创新工作积极性的因素是高管员工薪酬的增长，而不是高管员工薪酬差距的扩大，尤其是薪酬差距扩大起完全相反的抑制作用。即在企业职工平均工资比较低组，价值创造的提升是由于企业职工薪酬水

平提升的激励结果,而不是薪酬差距的激励效应。也就是说企业职工平均工资比较低组,职工薪酬增长特别是高管薪酬的增长能够激励企业创新投资转化效率,薪酬差距扩大同样只能抑制企业创新投资转化效率。总之,职工薪酬低组,企业创新投资转化效率的提升是由于企业职工薪酬水平提升的激励结果,而非薪酬差距的激励效应。也说明我国在职工平均工资比较高的企业,加大薪酬差距,明显不能促进企业增加创新投资,反而起抑制作用,降低企业创新投资转化效率。综合以上两个方面验证了假设3和假设4。

表 5-7　　薪酬水平、薪酬差距与创新投资转化效率的回归结果

Patent	全样本	t	Sig.	低组	t	Sig.	高组	t	Sig.
常量	-2.823	-17.67	0	-2.017	-6.482	0	-2.919	-9.657	0
Mpay	0.121	10.855	0	0.151	8.451	0	0.115	7.025	0
WPay	0.430	30.156	0	0.367	13.572	0	0.431	16.329	0
MWPG	-0.006	-2.846	0.004	-0.02	-2.821	0.005	-0.005	-1.854	0.064
SIZE	0.548	63.645	0	0.526	41.607	0	0.56	45.736	0
Size2	0.428	53.443	0	0.444	38.213	0	0.419	36.584	0
LEV	-0.372	-11.09	0	-0.321	-7.136	0	-0.433	-8.578	0
CFO	1.245	15.775	0	0.953	8.719	0	1.504	13.172	0
GROW	0.000	0.039	0.969	0	-1.098	0.272	0.000	0.287	0.774
YEAR	控制			控制			控制		
行业	控制			控制			控制		
adj R2	0.934			0.912			0.939		
F	2278.233	0.000		868.844	0.000		1235.471	0.000	
N	4027			2014			2012		

注:(1)所有变量的含义见表 5-1;(2)*** 表示在1%的水平上显著,** 表示在5%的水平上显著,* 表示在10%的水平上显著。

第六节　研究结论与建议

本章基于马克思劳动价值论,考察了上市公司高管和员工薪酬差距对企业创新投资增长以及创新投资效率的影响。主要目的是深入考察薪酬激励机制对高管和员工的激励效应,以深入探讨高管和员工薪酬差距影响企业创新投资的内在机理,为国家政策完善提供一定的实践数据支持。

本章选取沪、深两市 A 股上市公司作为样本进行研究,结果表明:(1)在职工薪酬水平较高的企业,薪酬差距与企业创新投资新增额显著负相关,与创新投资效率

也显著负相关，在职工薪酬水平较低的企业组里显著正相关，但这并不能说明薪酬差距与企业创新投资增长之间真正呈现倒"U"形关系，也不能说明薪酬差距与创新投资效率之间真正呈倒"U"形关系；(2) 在职工薪酬水平较低的企业，高管薪酬、薪酬差距与职工薪酬同向增长，是职工薪酬水平的增长激发了职工工作的积极性，从而促进了企业创新投资增加和创新投资效率增长，而薪酬差距扩大只能抑制企业创新投资和创新投资效率。总之，无论在哪类企业，薪酬差距越大的企业创新投资和创新投资效率越低，说明薪酬差距扩大并不能影响高管的风险投资意愿，提升管理者的风险承担水平；相反，薪酬差距扩大带来的不公平感，显著影响职工的工作热情，降低企业创新投资转化效率。

本章的理论分析与实证检验可能有以下几个方面的政策含义：第一，我国企业内部薪酬差距的扩大并不能激励高管愿意承担风险大的投资活动；相反薪酬差距的拉大带来的不公平感，显著影响职工的工作热情，降低企业创新投资和创新投资效率。这是对十九大报告"缩小收入分配差距"政策的理论和经验数据支持。第二，本章的证据说明，我国企业内部职工的薪酬公平和普通职工薪酬水平的提高，对于企业增加创新投资和提高创新效率具有显著作用，无论理论界与实务界，在推进企业深化改革时，不应只把目光集中于高管和企业股东利益身上，而忽略了对企业员工收益以及整个社会效益的影响。

参考文献

[1] 张宗益，张湄. 关于高新技术企业公司治理与 R&D 投资行为的实证研究 [J]. 科学学与科学技术管理，2007 (5)：23—26.

[2] 黎文靖，郑曼妮. 实质性创新还是策略性创新——宏观产业政策对微观企业创新的影响 [J]. 经济研究，2016 (4)：60—73.

[3] 张瑞君，李小荣，许年行. 货币薪酬能激励高管承担风险吗？[J]. 经济理论与经济管理，2013 (8)：84—100.

[4] 周克清，景姣. 税收优惠政策对 R&D 的激励效果检验：以创业板上市公司为例 [J]. 税务研究，2012 (6)：20—24.

[5] 张兆国，郑宝红，李明. 公司治理、税收规避和现金持有价值——来自我国上市公司的经验证据 [J]. 南开管理评论，2015 (1)：15—24.

[6] 李维安，李浩波，李慧聪. 创新激励还是税盾？——高新技术企业税收优惠研究 [J]. 科研管理，2016 (11)：61—70.

[7] 刘美玉，王帅，南晖. 高管薪酬差距、管理层权力与公司业绩波动——基于中小板上市公司的实证研究 [J]. 预测，2015，34 (1)：48—53.

[8] 胡元木. 技术独立董事可以提高 R&D 产出效率吗？——来自中国证券市场的研究 [J]. 南开管理评论，2012 (2)：136—142.

[9] 林国建. 福建省高新技术企业科技创新税收优惠政策实证分析 [J]. 中国软科学, 2013 (10): 91—101.

[10] 任海云. 股权结构与企业 R&D 投入关系的实证研究: 基于 A 股制造业上市公司的数据分析 [J]. 中国软科学, 2010 (5): 126—135.

[11] 卢馨, 郑阳飞, 李建明. 融资约束对企业 R&D 投资的影响研究——来自中国高新技术上市公司的经验证据 [J]. 会计研究, 2013 (5): 51—60.

[12] 高艳慧, 万迪昉. 企业性质、资金来源与研发产出——基于我国高技术产业的实证研究 [J]. 科学学与科学技术管理, 2011 (9): 146—156.

[13] 毕晓方, 翟淑萍, 姜宝强. 政府补贴、财务冗余对高新技术企业双元创新的影响 [J]. 会计研究, 2017 (1): 46—52+95.

[14] 苑泽明, 郭景先. 政府资助对创新投入的影响研究——基于创业板公司非效率创新投资的视角 [J]. 证券市场导报, 2015 (11): 31—36.

[15] 吕久琴, 郁丹丹. 政府科研创新补助与企业研发投入: 挤出、替代还是激励？[J]. 中国科技论坛, 2011 (8): 21—28.

[16] 马伟红. 税收激励与政府资助对企业 R&D 投入影响的实证研究——基于上市高新技术企业的面板数据 [J]. 科技进步与对策, 2011 (17): 111—115.

[17] 李玲, 陶厚永. 纵容之手、引导之手与企业自主创新——基于股权性质分组的经验证据 [J]. 南开管理评论, 2013, 16 (3): 69—79.

[18] 杨兴全, 齐云飞, 吴昊旻. 行业成长性影响公司现金持有吗？[J]. 管理世界, 2016 (1): 153—169.

[19] 黄振雷, 吴淑娥. 现金持有会影响研发平滑吗？[J]. 经济与管理研究, 2014 (2): 119—129.

[20] 刘振. 高管薪酬契约设计、研发投资行为与公司财务绩效 [J]. 经济与管理研究, 2014 (2): 23—31.

[21] 陈华东. 管理者任期、股权激励与企业创新研究 [J]. 中国软科学, 2016 (8): 112—126.

[22] 关勇军, 瞿旻. 基于研发补贴类别的研发投入与专利产出关系研究——基于深圳中小板上市企业的经验证据 [J]. 工业技术经济, 2013 (4): 25—34.

[23] 刘博研, 韩立岩. 现金持有动态调整机制——基于动态面板模型的实证分析 [J]. 数理统计与管理, 2012 (01).

[24] 胡元木, 纪端. 董事技术专长、创新效率与企业绩效 [J]. 南开管理评论, 2017, 20 (3): 40—52.

[25] 白俊红. 中国的政府 R&D 资助有效吗——来自大中型工业企业的经验证据 [J]. 经济学（季刊）, 2011 (4): 1375—1400.

[26] 安同良, 周绍东, 皮建才. R&D 补贴对中国企业自主创新的激励效应

[J]．经济研究，2009（10）：87—98．

[27] 李平，王春晖．政府科技资助对企业技术创新的非线性研究——基于中国2001—2008年省级面板数据的门槛回归分析［J］．中国软科学，2010（8）：138—147．

[28] 熊维勤．税收和补贴政策对R&D效率和规模的影响——理论与实证研究［J］．科学学研究，2011（5）：698—706．

[29] 杨兴全，张照南．制度背景，股权性质与公司持有现金价值［J］．经济研究，2008（12）：111—123．

[30] 唐宗明，蒋位．中国上市公司大股东侵害度实证分析［J］．经济研究，2002（2）：44—52．

[31] 刘行，叶康涛．企业的避税活动会影响投资效率吗？［J］．会计研究，2013（6）：47—53．

[32] 罗宏，黄敏，周大伟，刘宝华．政府补助、超额薪酬与薪酬辩护［J］．会计研究，2014（1）：42—48．

[33] 朱玉杰，朱骁然．机构投资者持股与企业风险承担［J］．投资研究，2014（8）：85—98．

[34] 王秀芬，徐小鹏．高管股权激励、经营风险与企业绩效［J］．会计之友，2017（10）：84—89．

[35] 余明桂，李文贵，潘红波．民营化、产权保护与企业风险承担［J］．经济研究，2013（9）：112—124．

[36] 杨瑞龙，章逸然，杨继东．制度能缓解社会冲突对企业风险承担的冲击吗？［J］．经济研究，2017（8）：140—154．

[37] 巩娜．高管薪酬差距、控股股东与民营上市公司绩效关系的实证分析［J］．中央财经大学学报，2015（7）：64—73．

[38] 林浚清，黄祖辉，孙永祥．高管团队内薪酬差距、公司绩效和治理结构［J］．经济研究，2003（4）：31—40．

[39] 何威风，刘巍，黄凯莉．管理者能力与企业风险承担［J］．中国软科学，2016（5）：107—118．

[40] 强国令．管理层股权激励是否降低了公司过度投资——来自股权分置改革的经验证据［J］．投资研究，2012（2）：31—43．

[41] BELLOC F. Corporate governance and innovation：asurvey［J］．Journal of Economic Surveys，2012，26（5）：835 - 864．

[42] GUPTA A K，TESLUK P E，Taylor M S. Innovationat and across multiple levels of analysis［J］．Organization Science，2007，18（6）：885 - 897．

[43] CHANG X，FU K，LOW A，et al. Non - executive employee stock options and

corporate innovation [J]. Journal of Financial Economics, 2015, 115 (1): 168 – 188.

[44] LAZEAR E P, ROSEN S. Rank – order tournaments as optimum labor contracts [J]. Journal of Political Economy, 1981, 89 (5): 841 – 864.

[45] FACCIO M, MARCHICA M T, MURA R, Large shareholder diversification and corporate risk taking [J]. Review of Financial Studies, 2011, 24 (11): 3601 – 3641.

[46] GOEL A M, THAKOR A V. Overconfidence, CEO selection, and corporate governance [J]. The Journal of Finance, 2008, 63 (6): 2737 – 2784.

[47] LEE K W, LEV B, YEO G H H. Executive pay dispersion, corporate governance, and firm performance [J]. Review of Quantitative Finance and Accounting, 2008, 30 (3): 315 – 338.

[48] NAKANO M, NGUYEN P. Board size and corporate risk taking: further evidence from Japan [J]. Corporate Governance An International Review, 2012, 20 (4): 369 – 387.

[49] OMESH KINI, RYAN WILLIAMS. Tournament incentives, firm risk, and corporate policies [J]. Journal of Financial Economics, 2012, 103 (2): 350 – 376.

附录

案例

附录一 稻盛和夫的阿米巴经营

一、稻盛和夫与阿米巴

(一) 稻盛和夫

稻盛和夫,世界著名的实业家和哲学家,创建了两大世界500强企业:京都陶瓷株式会社(现名京瓷,Kyocera)和第二电信(原名 DDI,现名 KDDI)。除了创办两大世界500强企业之外,稻盛和夫另一个让人佩服的事情是拯救了已经申请破产保护的"日本航空",让其重新上市。

稻盛和夫提出领导者的选拔标准应该是:德要高于才。也就是说,"居人上者,人格第一,勇气第二,能力第三"。并指出热爱是点燃工作激情的火把。无论做什么工作,只要全身心地投入、拼尽全力去做,必然产生很大的成就感,由此增强自信心,产生向下一个目标挑战的积极性。世上成功的人往往都是那些沉醉于所做事情的人。

(二) 阿米巴经营模式

经营理念的出发点有三个:股东、客户、员工。99%以上的企业经营理念都是以客户为出发点(如海尔),为客户价值最大化而奋斗。但实际上,以客户为出发点与以股东为出发点没有区别,本质上都是为了股东利益;而以员工为出发点就完全不同,它的逻辑是企业首先照顾好员工,再让员工为客户提供最好的服务(如阿米巴)。

"阿米巴"是稻盛和夫先生借用生物阿米巴可以根据周围变化不断进行自我调整的特性来命名的企业内部许多独立核算经营的"微小组织",它是企业根据不同标准将组织细分成能够随机应变、很好地适应市场变化的多个小集体。这些小集体自主经营、自负盈亏，在稻盛和夫创建和经营的企业内部被称为"阿米巴"。

阿米巴经营模式于20世纪60年代创立，至今已经有半个世纪之多，在日本京瓷公司已是非常成熟的运营模式。日本目前有12000多家企业在推行阿米巴模式。阿米巴经营模式在中国的推广虽然只有几年时间，但据估计约有3万—5万家企业正在推行阿米巴经营模式。

二、阿米巴内部考核指标是"人本管理"的具体体现

（一）阿米巴的绩效考核

阿米巴的绩效考核模式以"销售额最大化，经费最小化"这一大道至简的理论阐述指导企业经营，并且主要体现在其精细的部门核算管理机制上。阿米巴经营模式是在每个阿米巴小集体内部各自建立完全独立的基础账户，并配以部门结算方法，通过每月的单位时间核算表和年度报表等对每个阿米巴小集体的业绩进行实时评价，最终为企业管理层提供总体决策信息数据依据的一种管理模式，这就是"阿米巴的内部核算管理机制"。它能够促使企业非常准确地掌握各个部门的经营内容，通过各种方法钻研创新并压缩各自阿米巴小集体的经费开支，同时增加最终销售业绩。

（二）阿米巴经营体系中的"单位时间核算制度"

"单位时间核算制度"，是阿米巴经营管理中用于衡量阿米巴小集体经营状况的重要方法。所谓"单位时间核算制度"是指通过阿米巴的会计核算体制，计算出单位时间里各个阿米巴小集体所产出的附加价值。具体计算方法是：首先，各阿米巴与自己的产品和服务的交易方通过协商确定一个双方可以接受的价格，按照这个价格和其他部门或者其他公司进行交易。这个价格是阿米巴产品和服务的交易价格，一般高于成本本价（并非成本价）。根据这个价格与其他阿米巴进行的交易所得金额就是该阿米巴的收入，从收入中扣除"劳务费"以外的所有费用后得出的就是该阿米巴创造的附加值。然后用它除以本阿米巴所有成员的总劳动时间，得出的数值就是阿米巴"单位时间核算表"里所创造的附加价值。

（三）单位时间效益核算与人的"根本"观

在企业的经营和核算理念中，企业对于人的定位有三种不同的演化：成本、资本、根本，即将人视作企业经营的成本、将人视作企业经营的资本和将人视作企业经营的根本。

在阿米巴的"内部交易会计报表"中的"单位时间价值核算"，人被当作根本看待。因为京瓷把员工看作是企业发展的根本，人的价值和潜力不能用金钱来衡量，所以在京瓷的"单位时间核算表"里，并没有"人工费"这一科目，在阿米巴核算单位时间效益时不计算人工成本；并且在京瓷每个阿米巴创造的经济附加值，计算出来的单位时间效益并不与个人工资挂钩，阿米巴小组并不以所创造的经济附加值作为奖励依据。以这种方式管理和经营的企业，可以让员工对企业有强烈的归属感，从而可

以激励他们不断地挖掘自身的潜力，自发地提升自我，发自内心地愿意与企业荣誉共担、长期共同成长。

在阿米巴的内部交易会计中，员工真正被当作人才看待，被当作企业发展的根本来看待。稻盛和夫持有这种观点的理论基础是：人都具有无限潜力，人的价值是机器永远无法相比的，因此，要把企业的每个员工都当人才来培养，不仅要培养他们的职业素养，更为重要的是对其人格的培养和提升，将企业发展成为员工展现才华、施展抱负的地方，而不仅仅是养家糊口的所在。

（四）"总附加价值"指标是"以人文本"理念的具体体现

阿米巴经营管理体系是通过编制"单位时间核算表"来实现其"单位时间核算制度"的。"单位时间核算表"是稻盛和夫对经营会计的发明创造，它更直观、具体地体现了单位时间里企业员工所创造的附加值，而这个附加值体现的完全是马克思劳动价值论里劳动者是价值创造源泉的理念。稻盛和夫内部交易会计的"单位时间核算表"是经营会计活用的精髓体现。通过简单的表格构造，可以一目了然地体现出对于"马克思劳动价值论的价值创造"理念的实际应用，以及稻盛和夫对于"销售最大化、费用最小化"经营理念的不断追求。而这个价值体现的正是马克思劳动价值论的劳动创造价值理念。

单位时间核算制是阿米巴成本控制的关键方法和核心方法，它是通过"单位时间核算表"来完成的。稻盛和夫先生在其创建的京瓷和 *HKI*（两大日本世界 500 强公司）使用该方法进行考核与管理，他为了将自己的简易经营会计理论真正落到实处，创造性地发明了简易的阿米巴经营内部管理会计报表——"单位时间核算表"（见附表 1–1），并根据它计算企业内部各阿米巴的"单位时间附加值指标"。

对于总附加值的计算：附表 1–1 中从左到右是项目及其明细、代码、计算公式和金额累计。项目首先从表示阿米巴收入的销售额数字开始。"对外出货"是阿米巴直接销售给外部客户的产品产值，"总出货"（全部生产量）是指"对外出货"加上提供给公司内部其他阿米巴的产品和服务的产值。

从"总出货"中减去从其他阿米巴购入的"内部采购"之后就是公司"净销售额"。这个"净销售额"减去费用"扣除额"以后是企业的"总附加值"。

附表 1–1　　"单位时间核算表"（"内部交易会计报表"简化版）

项　　目		代码	计算式	金额累计
销售额	总出货（总产出量）	A	$A = \sum A$	
	对外出货	A1		
	内部销售	A2		
	内部采购	B		
	销售净额（净产出量）	S	$S = (A - B)$	

续表

项　目		代码	计算式	金额累计
费用（扣除额）	部门内直接	F1		
	部门内分摊	F2		
	SUB 间接分摊	F3		
	合计	F	F = ∑F	
总附加值（总收益）		V	V = S − F	
工时	正常工作时间	T1		
	加班时间	T2		
	部门内分摊	T3		
	SUB 间接分摊	T4		
	合计	T	T = ∑T	
部门内月均人员总数		N		
单位时间附加值（月单位时间收益）		v	v = V/T	
月单位时间销售净额		G	G = S/T	
月人均收益		H	H = V/N	
月人均销售净额		I	I = S/N	

　　单位时间附加价值的计算：总附加值的计算公式为：总附加值 = 生产总值 − 费用（扣除额，各种成本费用）。其中扣除的费用（扣除额）包括企业临时工的劳务费却不包括企业正式员工的工资等费用。因此，此处的"总附加价值"从另一个角度讲等于企业的"税前会计利润" + "人工费用"。

　　"总附加价值"指标是马克思劳动价值论中"劳动是价值创造唯一源泉"的具体体现。根据马克思的劳动价值论——"活劳动是价值创造的唯一源泉"，工人的工资和剩余价值部分均是劳动者劳动创造的，因此企业创造的价值即是企业的增值部分，企业增值额 = 销售收入 − 外购商品和劳务 − 折旧费。由于我国现有报表中没有折旧费的具体数据披露，因此借鉴王灿等（2012）"修正后增值额 = 息税前利润（EBIT） + 应付职工薪酬 + 流转税"的做法，企业价值创造（Value Created）的计算式可采用以下公式：

　　企业劳动创造的价值 = 企业运营增值额 = 工资 + 息税前利润

　　由此可见"单位时间核算表"的"总附加价值"指标内涵与根据马克思的劳动价值论——活劳动是价值创造的唯一源泉的"劳动创造价值"指标的内涵是完全一致的。

（五）"总附加价值"扣除指标中不包括正式职工人工成本的原因分析

　　第一，职工薪酬不计入经费开支。单位时间附加值指标反映的是员工在 1 小时劳动时间里能够产出的附加价值的多少，把企业职工看作是附加价值创造的源泉，因此职工薪酬就不再计入成本。不把职工的工资费用列入成本是为了反映职工创造价值的主人翁地位，激励员工更积极地创造价值。在单位时间核算制度执行的时期，各阿米巴必然遵循销售额最大化、经费最小化的原则进行生产，最终才能生产出更多的附加值，这在无形之中会增强员工成本节约和成本控制的意识，实现有限资源的最优和合理利用。

第二，为了体现阿米巴"追求正确的做人准则"，"追求全体员工物质和精神两方面幸福的同时，为人类和社会的进步与发展作出贡献"是稻盛和夫的经营哲学。要追求员工的幸福就不应该把员工的利益视作费用，因此，为了正确地体现阿米巴的这种经营哲学和经营理念，也为了均衡企业各阿米巴的利益，在费用扣除额中不再包含正式员工的工资。

第三，各阿米巴不均衡并且数额较大的工资及其福利费用如果放在扣除额里，会显著影响最终单位时间附加值，并可能助长阿米巴的攀比之风，不利于营造创新的氛围以产生更多的附加值。

稻盛和夫为了实现"销售最大化和费用最小化"这一经营原则，单位时间核算表中销售额减去费用（不包含人工成本）后的结余金额，在经济学中被称为"附加价值"。企业要发展就必须产生和提高附加价值。为了让现场的员工也能看懂并理解这个表中信息，他将这个表设计得非常简单，省去了会计上难懂的专业词汇，代之以出货、内销、内购、总生产等日常用词。工人们日常的劳作就是产生附加值，并尽可能简单地表达这个附加值，称为单位时间效益，作为提高效率的指标。阿米巴经营通过引入时间概念，进行单位时间核算，是一个创新，并把其作为企业生产现场管理的评价指标，达到了提醒员工增强时间意识、提高工作效率的目的。嵌入时间之后的管理模式，使各个组织和管理层大大提高了运行效率。

从以上分析可以看出，稻盛和夫在企业阿米巴内部考核所使用的"单位时间核算表"中的"总附加价值"指标与马克思劳动价值论的价值创造指标是同一概念；在计算"总附加价值"指标时，扣除项目中的"劳务费"不包括正式员工工资，这是马克思劳动价值论中人的根本观的具体体现，是马克思劳动价值论在成本核算中的具体体现。

三、阿米巴单位时间核算制的即时性

阿米巴通过单位时间核算表，可以每天、每周、每月都计算出每个阿米巴单元的单位时间附加价值，从而能够实时了解每个阿米巴单元的生产运营情况。它是阿米巴管控体系实施的具体工具。它就像飞机的仪表盘一样，让稻盛和夫随时掌握每一个阿米巴单元实况，掌握整个企业的整体状况，并根据情况随时调整每个阿米巴及其航向以及整个公司的航向。

单位时间核算表与公司年度结算一一对应，阿米巴经营企业利润的计算是财务部

完成的月度结算报告和年度结算表：

单位时间核算附加值－人工费用＋结算修正值－事业部的人工费用＝净产值－事业部的人工费用＝税前利润

四、单位时间价值绩效考核模式下阿米巴成本控制新思路

稻盛和夫先生经营京瓷时创立的"阿米巴经营"模式，运用"售价还原成本法"进行"价格分解"，由此完成成本的计划和控制，以"单位时间价值核算表"完成成本核算和控制，并以此表计算的"单位时间附加值"为基础，举行各个阿米巴的"业绩发布会"，来进行成本分析和业绩评价。阿米巴的这些管理会计新方法，在设计、制造等多环节及多部门有效地控制和降低了成本，并能够对市场迅速做出反应。

在日本有超过4000家企业在运用稻盛和夫的内部经营会计方法和经营思想。阿米巴经营模式已经引起了许多中国公司的注意，并且在国内已经有多家公司进行实践运用，其中比较成功的有阳光100置业集团。

（一）售价还原成本法

稻盛和夫在创业初期为了招揽客户、拿到尽量多的订单，所争取到的订单大部分是别人不愿意接、别人做不了的单子，这是塑造稻盛和夫先生"敢为天下先"品格的开始。稻盛和夫持有"能力将来时"的哲学理念，即不要用你现在的能力来判断行还是不行，努力三个月之后再看看到底行不行。因此，稻盛和夫往往在根本不知道某种新产品如何生产的情况下，就以较低的价格先拿下订单，然后组织设计研发人员和生产人员密切合作，在尽可能短的时间内研制出既符合客户要求又保证企业利润并在成本可控范围内的产品，保质保量地生产完工，及时交货。其实这也就是倒逼生产成本法。充分协调企业各组织的生产活动，发挥企业整体优势，不仅将设计、采购、调试、工程、生产、检验、包装、销售、会计等各类部门组织融合在一起，通过协同努力降低成本，而且与上游的供应商形成联盟，共享成本信息，从而尽可能地在满足产品性能、保障质量的同时降低成本。这一做法从设计研发的源头就开始控制成本，一直到生产的全过程控制，在当时很好地解决了低价位的大订单问题，使京瓷持续获得了很多大订单，又加上他们每次都能够保质保量地提供给客户满意的产品，进而逐渐获得了客户的高度信任，从此业务规模和范围都不断向纵深扩展。随着业务的扩展，稻盛和夫慢慢总结经验规律，从而形成了现在的"售价还原成本法"。

售价还原成本法的核心思想是市场决定成本，价格决定经营。阿米巴的售价还原成本法的成本计算公式为：

$$市场价格 = 总价格 = \sum 价格 = 总（成本 + 利润）$$
$$= \sum（各阿米巴成本 + 各阿米巴利润） \quad (1)$$

（二）售价还原成本法通过价格分解确定各阿米巴成本

售价还原成本法，实际也是"价格分解法"或者"成本分解"，建立了一套企业

内部的价格分解体系、价格机制、定价机制,可以称为企业内部定价系统。

在这种阿米巴的经营模式下,在京瓷内部,每个阿米巴不是成本中心而是经营中心、价格中心,即是价值创造中心。阿米巴通过售价还原成本法不仅仅是到推计算出客户某订单的企业整体目标成本,而是将客户的货物价格层层分解,分解到每一个阿米巴单元,给每一个阿米巴分解出的小价格既包括成本费用部分,也包括利润(附加值)创造的部分。阿米巴经营中每一个价格中心的价格都是通过做减法倒推得来的,阿米巴首先根据这一产品所涉及的上下游各个阿米巴单元(成本生产的上下各个生产环节),通过相互谈判和相互协作,再对这一产品的目标价格和目标成本进行层层分解,最终确定各个阿米巴的目标价格和目标成本,然后由各个阿米巴分别负责本单元的成本计算和成本控制。

在京瓷,某个订单通过这种价格分解也就决定了要完成这个订单各个阿米巴各自的工作内容和作业成本标准,他们的成本只有控制在所分解成本之内,才能够实现预定利润,否则利润减少或者亏损,这也就确定了各个阿米巴的成本控制目标,或者称为成本预算。

(三)售价还原成本法的全流程成本管理理念——源流成本注入思想

从另一个角度讲,阿米巴的售价还原成本法与成本企划方法有着相同的思维方式和成本理念,有异曲同工的作用,即市场上的客户需求决定产品的价格,同时企业根据客户对于产品的实际功能需求,有针对性地进行产品设计,对于客户用不到的产品性能可以在设计时直接去掉,从而节约成本,而对于客户常用产品的主性能在设计时可以加强,保证产品在使用过程中发挥最好的作用,持久有效,进而从源头上控制产品成本。

售价还原成本法在正确评估库存方面发挥着重要作用,在京瓷用于期末成品和半成品成本的盘点:期末成品和半成品成本 = 售价 × 成本率　　　　　　　　　　(2)

(四)售价还原成本法与传统成本思想的差别

传统的成本思想是以成本加成的定价方式,即产品成本 + 合理利润 = 价格,实际上这是一种顺向的叠加思维,是一种产品导向的思维,只有在产品稀缺、供不应求的时候,交易才可能达成。然而在现在的自由竞争市场上(买方市场),各个生产环节或者生产步骤按照成本预算把产品生产出来,然后交给销售部门销售出去实现利润。也只有老板才有定价权,在定价即是经营的理念下,那些生产中心、成本中心自然不是经营主体,也就没有必要考虑价格。而阿米巴却最大限度地发挥了员工积极性,因此效果也就更明显。

(五)改变人才成长机制

其实,阿米巴模式有两条线:"人"和"事"。"事"的业绩核算是展示阿米巴的实际经营效果和员工努力的成果,而业绩核算的主要目的和用意是激励"人";"人"才是企业的主轴,培养"人"、经营"人"、收获经营"人",才是企业的最终目的。

这就相当于在企业内部设立了一个经营实验室，员工暂时还不具备在外部世界独立经营的能力，那就在企业内部设立一个小组织，让员工在那里反复练习，三五年后就有可能把员工培养成一个很好的经营人才。因此，阿米巴不是"事运营"，而是"人经营"，这是阿米巴的灵魂所在。阿米巴经营的三大目标都是围绕人：（1）无论是感受市场温度，还是培养经营意识，都是针对"人"来讲的，因为意识是人的思维属性；（2）培养阿米巴经营人才也是关于人；（3）鼓励全员参与经营，更是关注人，让整个团队的激情都得到点燃。循着这个思路，就可以领悟到更多的阿米巴的精髓所在。阿米巴是"数字激励法"，而不是"精细核算制"；阿米巴不是"包产到户"，而是"小组织、小经营"。

五、找出问题根本，导入"理念+算盘"的经营真谛

公司高层率先转变，导入"理念+算盘"的自主经营模式，量身定制适合公司自身特点的阿米巴经营。首先导入经营会计彻底看清企业实际情况，注入"理念+算盘"经营真谛。经营会计的特点是简单、直观、易懂、好用，经营者可以一目了然地掌握企业经营的实际情况——看清、看透，便于贯彻经营者意志。企业管理者可以在经营会计的帮助下，看清企业的业务构造和事业构造，并建立起相匹配的、清晰的组织系统，然后以年度计划为起点，建立二元制绩效评价体系。阿米巴采用的考核系统是一种被称为二元制的 HR 考评体系，与传统的 KPI 考评系统有着本质的不同。

附录二 韩都衣舍的小组制

一、公司简介

韩都衣舍集团创立于 2006 年，2016 年 7 月正式获批挂牌新三板，成为互联网服饰品牌第一股。2014 年 9 月，韩都衣舍女装取得了天猫历史上第一个全年度、双"十一"、双"十二""三冠王"，年总销售额达 15.7 亿元。从 2012 年到 2015 年连续四年做到了国内女装行业第一，同时在整个互联网服饰集团也是第一。

二、韩都衣舍是一个时尚品牌孵化平台

服装行业分两大类：一类是"服装+互联网"，另一类是"互联网+服装"。大部分同行都属于"服装+互联网"，而韩都衣舍是"互联网+服装"，思考问题都是基于互联网角度来考虑，交往的圈子全是互联网的圈子。因为是互联网企业，所以核心的六个合伙人里面到现在为止没有一个是服装行业出身的：创始人赵迎光和两个学韩国语出身的大学同学，一个律师，一个读过 MBA，还有一个学新闻的，这就是整个核心高管团队的情况。创始人赵迎光生于 20 世纪 70 年代，在过去 10 年间，以不到 20 万元起家，带领韩都衣舍在国内各大综合类电子商务平台中成长为一个知名品牌。

三、韩都衣舍的成本核算与控制方法

（一）韩都衣舍通过小组制提高效率、控制成本

1. 小组制的含义。产品小组制是韩都衣舍的生产组织方式，也是韩都衣舍发展迅速的主要决定因素。韩都衣舍小组制的全称是"以产品小组为核心的单品全程运营体系"，即将服装企业传统的设计、视觉、采购、销售等部门全部拆分，然后重新组合，其中产品设计、导购页面制作与货品管理三个非标准环节交由产品小组负责；标准化的服务，比如供应链、IT、仓储、客服等统一由公司提供。在小组制的单品全程运营体系下，企业经营的每一款产品，从设计、采购、生产、检验到销售都以产品小组为核心，企划、摄影、生产、营销、客服、物流等相关业务环节配合产品小组提

供服务和支撑，全程实行"多款少量，以销定产"的数据化、精细化运营管理。

2. 产品小组的构成。韩都衣舍的产品小组由1—3名成员组成；一般情况下是3个人，少则1个，多则4个。1个设计师（选款师）负责产品研发；1个页面制作专员，负责末端销售的所有事宜；1个货品管理专员，负责库存和采购。设计、页面、制作、销售这几个核心的职能部门在一起，形成企业达到极限的内部最小化组织。其独创的运营管理模式是在最小的业务单元上，实现"责、权、利"的相对统一，对设计、生产、销售、库存等环节进行全程管控。

3. 小组的自动化更新。（1）奖金分配。公司分发奖金以小组为单位，韩都衣舍小组内部分配由组长决定。组长如果分配公平，组员自然愿意继续跟着他干，如果分配不公，组员可能就到其他组去了，或者自己出来拉一个小组。（2）自由组合。小组内员工如果觉得自己可以做组长，就可以先分出来，一个人先干小组内所有的活儿，然后再去组合小组成员；销售额上不去的小组将自动解散或者重组；市场份额发生变动（如销售量激增，或者产品滞销）时自由分化或自动解散。

（二）倒三角管理模式保障小组制高效运转

韩都衣舍由原来的正金字塔式的管理结构切换成在互联网时代的倒金字塔的组织结构来进行管理。原来的传统模式称为控制型管理，从公司的董事会到中层到基层，特别强调老板要做正确的事情，员工要把事情做正确。老板强调决策力，员工强调执行力。这是传统的组织结构。在这种组织结构下，员工是没有思考力的，是一头狮子带着一群羊在做事情。这样虽然效率会很高，但是公司越大，基层的效率就越低，最后就真的变成一个恐龙型的企业。

在正金字塔形的控制里面有一个特点：规章制度、流程是主动建立和完善的，下面的人被动去接受和执行。而倒过来之后变成倒金字塔形的组织结构称为服务型管理，不是控制型管理。在服务型管理的组织结构下，上面每一个小的业务单元做大部分的决策，就是战略决策，而下面的管理层做服务。规章制度、流程大部分不是主动建立的，是被动建立的。

在控制型管理中，老板是"天花板"，老板的高度决定了企业的高度，这句话在传统的模式里面是对的。但是倒金字塔服务形管理企业，老板变成了"地板"，老板的强度决定了企业的高度，只要承压能力足够强。一般来讲，企业越大，主动式管理的老板越忙、越操心，而被动式管理的老板越轻松。

（三）互联网助推低运营成本

1. 低成本快速试错（多款少量，以销定产）。一家互联网企业可以做到低成本地快速试错，能够做到多款少量、以销定产。那传统企业是怎么做的？传统服装企业会告诉你在全国有多少家店，如果有4000家店，说明渠道铺设到了县一级。4000家店的目的就是让消费者见到商品做一个购买决策。但是到了互联网上，大家都是消费者，互联网上就是1家店可以满足4000家店的效果。

2. 低成本快速学习（紧盯市场，随机应变）。在互联网时代，如果一个员工想学习的话，可以非常快地学习。在没有互联网之前，基层员工学习成本是非常高的，但是有了互联网，想学竞争对手、想学行业知识，都可以低成本地学习，可以盯着市场做一些随机应变的变动。

3. 低成本高频互动（碎片时间，深度影响）。一个品牌和消费者的互动成本其实是非常低的，只要有一个好的点，在互联网上传播的速度就会非常快。韩都衣舍刚创立的时候还没有移动互联网，但即使在 PC 端，一个互联网公司和消费者沟通的频率也远远大于传统企业，这是创新之处。

（四）投诉制度驱动公共部门提高效率降低成本

人性无非有两种：趋利和避害。韩都衣舍把"避害"放进制度设计里。因为每个小组的责、权、利相当明确，如果哪一个公共部门侵犯了某小组的利益，这个小组就会不断地进行投诉。比如说一个司机去拉货，如果拉晚了，这个小组的组长就会去投诉他。所以为了少投诉，他就会积极地去工作。这就充分地把"避害"作为行政部门很重要的工作动力的原点。现在整个公司 280 多个产品小组，所有的非标准化的环节全部由小组来做；所有标准化的环节由公司来做，在企业的公共平台上培养了具有经营思维的运营人员。

附录三　海尔的自主经营体及其成本控制

一、自主经营体的含义

海尔集团从 2010 年起开始全面推行自主经营体管理模式，将之前庞大的集团企业组织体系分解为 2000 多个自主经营体，并形成了三级三类网状结构。海尔自主经营体分为三个层级：一线经营体、平台经营体和战略经营体，这三级经营体与终端用户的距离由近及远，构成了倒三角组织结构。

二、"人单酬表"将人力资本高效地转化为财务成果

随着海尔进一步融入国际竞争市场，再加上互联网的冲击，海尔传统的管理模式、组织体系、运营系统受到越来越大的挑战。为此张瑞敏带领海尔走出了一条全新的模式创新之路。从德鲁克创造顾客的理念出发，在互联网消除距离的思维模式下，张瑞敏在 2005 年 9 月提出了"人单合一"的双赢管理模式，以及与其匹配的"创造资源，美誉全球"的企业精神。从 2005 年开始，为实施新的管理模式，海尔进行了颠覆性的组织创新，首先是把正三角组织颠覆成为倒三角组织，又从倒三角组织变革为节点闭环的网状平台型组织，在全集团建立自主经营体。

2009 年 3 月，海尔创造性地推出了个人损益表即人单酬表，包括个人薪酬、费用和资产三个子账户。海尔以员工为中心，体现了"人本"主义；以创造用户价值为导向，用以衡量企业市场一线员工的价值。将人力资本高效地转化为有形的财务成果；通过"人单合一"的机制激发员工的积极性和创新力，实现员工的高效率、高薪酬，达到用户、企业、员工的多赢。它创新性地解决了员工和组织之间的博弈问题。通过损益表，员工清楚地知道如何能多赚钱，怎样能减少损失，所以员工将焦点从与领导博弈转到为客户创造价值上。这种核算体系把企业职工的薪酬与其为客户创造的价值有机地结合在一起，这一创新引起美国管理会计协会（IMA）的高度关注，被认为是突破了科斯理论的天花板，是管理会计未来新的出路。

为了核算好薪酬，海尔的管理会计体系不仅仅依托成本、利润等财务指标，还把任务量作为重要的目标进行价值测算。海尔财务人员分为业务财务，占 70%，要深

入一线经营体工作；专业财务，主要进行资金、预算、并购等工作，占10%；共享服务人员，主要是核算和记账，占20%。

为了配合自主经营体的实施，海尔创新建立了以自主经营体为主体的核算体系。自主经营体的三张表要求事前算赢、全流程的、面向用户的创新，是"人本"主义。它以员工为中心，以创造用户价值为导向。这与传统的财务报表不同，传统的财务报表是以资本为中心，以资本增值为导向，追求股东至上，阶段性、静态、事后的数，是"资本"主义。

海尔建立了规模最大、最完善、涉及领域最广泛的财务信息共享中心。通过它，会计工作和财务领域的外汇、税务、内外业务的资金清算等业务全部实现了信息共享。这一系统使更多的财务人员从原来的工作中解放出来，参与到前端流程，成为自主经营体的一员，为客户创造价值。25秒6400笔的会计运营效率和与业务结合更加紧密的预算体系，有效地为经营体提供及时准确的信息支持。

三、海尔是基于人本管理进行成本核算的典范模型

人本管理要求以人（员工）为中心，以需求为起点，建立起较为完整的人本管理考核机制、评价机制和激励机制，激发员工创造价值的积极性。

海尔的人单合一或者互联网转型实际上就是企业运用利益相关者资源进行价值创造与分享的过程，因此财务核算就是要反映利益相关者特别是员工创造价值和分享价值的信息。可见，人本主义理念、价值创造与分享理念是海尔适应互联网转型、进行管理会计创新的关键。

（1）海尔互联网化使得企业以用户需求为导向，充分调动员工的积极性，与用户实现价值共创。在财务层面表现为人本核算、价值创造与分享的核算理念，员工制定目标承诺并实行用户付薪机制。

（2）海尔基于人本管理进行成本核算的创新与变革体现在小微核算上，依托于小微核算体。在与用户进行价值共创的过程中，通过小微对赌契约明确小微和员工的权利与义务，编制员工个人损益表，激励员工创造价值。在绩效管理上通过二维点阵，上承战略损益表，下连对赌承诺，实行动态化管理，以期实现企业价值与用户价值的统一。

（3）以价值共创为核心的海尔人单合一模式变革，在人本管理会计层面形成以战略损益表、共赢增值表为代表的报表体系，融合财务会计与管理会计信息，反映员工等利益相关者参与企业价值共创共享的信息，为其决策提供依据。员工所创造的价值等于完成用户需求订单所得的收入扣减成本（费用）和损失后的金额，其中损失是根据员工与用户签订的目标承诺或对赌协议进行判断的。人单酬的核心在于员工在为用户创造价值的同时实现自身价值的增值，具体体现为根据员工所创造的价值进行薪酬五级定档，其中分享和提成档就是员工从与用户价值共创过程中所得到的超利分

享增值的部分。

（4）共赢增值表。海尔的共赢增值表反映的是人力资本与用户等利益相关者共创共享价值过程的信息，编制共赢增值表遵循的恒等式为"共创收入－成本＝共创价值"。其中，共创收入包括订单收入和提供互联网解决方案、信息增值的收入；与共创收入相配比的是成本与费用，该成本费用与传统成本费用最大的不同是人工费不计入费用，强调员工的重要性。

（5）价值分享表。海尔的价值分享主要包括小微价值分享、用户价值分享、生态圈价值分享（或其他节点价值分享）。其中小微价值分享即小微在创造用户价值的同时所获得的价值分享部分以及内部分享给员工的部分。员工作为小微组织的一员，其通过互联网平台实现与用户的零距离沟通，在实现团队价值增值的同时共享价值；团队薪酬核算以按单预算为机制，实现事前预算、事中控制、事后调整，并全方位地反映团队共创价值的相关信息；按单预算，以团队的竞争力目标为基础，预算人工成本根据团队实际创造的价值进行动态调整；企业职工的个人薪酬与其创造的价值相关联，做到单酬联动、高单高酬，实现人酬合一、人费合一及单酬合一。

四、海尔自主经营体的成本控制途径

（一）通过成本企划倒逼成本

在传统组织结构中，企业战略、人力、财务、运营等各职能部门流程环节独立，彼此的信息流动不畅通，责任难以分清，时常相互推诿，增加了协调成本，降低了企业对市场需求的反应速度。在海尔的自主经营体机制下，一线销售人员可根据调研中发现的用户需求，有权选择企业内部市场链各环节的人员（包括企划、研发、采购、生产、检验、人力、销售、运输等环节）组成自主经营体，共同对用户的需求快速反应。海尔的自主经营体打通企业内部各行政职能部门，也是对传统企业管理机构的全面颠覆。正三角下，高管领导的任务是控制员工；而倒三角下，高管领导的任务是提供资源，并帮助一线经理实现目标。

在调研中，自主经营体的成员讲述了这样一个案例：海尔开发团队开发了一款变温冰箱，既能满足南方消费者对大冷藏室的需求，也能满足北方消费者喜欢大冷冻室的需求。但是，成本存在严重问题，因为"家电下乡"有最高限价，能变温的三门冰箱成本很高。为了使这款冰箱能够进入"家电下乡"行列，提高产品的竞争力，自主经营体反馈了整个市场对这款冰箱的需求，与企划研发交换最好的研发资源，并倒逼成本竞争力：企划人员蒲某通过整合团队的开发资源，锁定最高限价，倒逼内部研发、物流采购、成本等全流程各个模块，最终倒逼出了效果：通过模块化，物流采购原来需要采购的风道总成是8个件，现在只需要采购1个模块，成本降低了6%；研发部门研发一个"门体模块"，实现了门体通用，成本降低了9%。通过自主经营体的驱动，最终在"家电下乡"的最高限价内开发出了用户、客户、海尔共赢的三门冰箱。

(二)"直销直发"实现零库存和"正现金流"

自主经营体的自我要求是零缺陷、差异化、强黏度、双赢。零缺陷是指给用户提供的产品和服务没有任何缺陷，能满足用户的基本需求。差异化是指给用户提供的产品方案和服务是别的品牌不能提供的，并能满足用户需要。"人单合一"同时强调"直销直发"和"正现金流"。

"人单合一"是参与市场竞争的模式，就是每个人要负责自己的市场订单，同时每一张市场订单都有特定的人负责，这样每一个人和市场就结合在了一起。订单的价值体现了人在市场上创造的价值，并最终决定了每个人的收入。这就要求每个人都与市场结合在一起，创造更多有价值的、不变成库存和应收账款的高质量的订单。

(1)"直销直发"是"人单合一"的基础，要求营销到位，直接发运、服务到位，实现零库存和零逾期。营销通过研究市场需求，依据用户的需求设计产品，创造与客户双赢的订单。因此，直销不单单是销售人员的事，而是设计、制造、销售等全系统的责任。促销是没有任何市场策划的销售，是卖库存，最后的结果就是降价。直接发运是建立在直销的前提下，否则就可能积压。更重要的是，直发带来的不仅仅是费用问题，而是生存问题，因为一旦产品不能直接发走，很可能本来应该赚钱的也变成赔钱的了。

(2)"正现金流"是"人单合一"必须保证的结果，对企业是非常重要的。有一个概念叫"黑字破产"，是指市场上的产品不能变现收不回钱，造成没有现金流，此时虽然企业还有利润，但是还要破产。所以现金流是企业的空气，企业既要有正现金流，又要有高增长，就必须在创造客户需要的产品的同时，还要找到优质的客户。

(3)零库存下的即需即供，是指如果用户要产品的时候，会得到及时满足；用户不要产品的时候，企业没有库存；产品必须是有市场订单的产品，而不是仓库中的库存；客户订单必须在第一时间完成并送到客户手中。零库存下的即需即供，既是企业被动适应营销碎片化、市场竞争等外部环境的要求，也是企业主动突破发展瓶颈进行自我变革的需要。它是实现从大规模制造到大规模定制模式的基础，是实现从"先造产品再找用户"到"先创造出用户再造产品"转变的必要条件。

零库存在海尔实行了很长时间，也采取过很多措施，比如按照制造和消除库存的台数进行赏罚，即使当事人调岗也要对其形成的库存负责。但问题始终没有根本解决：一严格控制库存，销售额随即也跟着下滑；一放松控制，销售额好转，但库存也随着增多。为了提高竞争力，海尔决心取消产品库存，提出了零库存下的即需即供，不压货、不断货。同时实现零库存和即需即供，会有很大的难度，及时把握用户需求，并做出迅速反应，是解决这个问题的良方，这正是自主经营体的目标。

附录四　瑞立美联的成本分析与现场讨论会

一、瑞立美联公司简介

瑞立美联制动技术（廊坊）有限公司是具有 40 多年发展历史的中型企业。现有员工 700 余人，资产总额 4.05 亿元，占地面积 5.6 万平方米，是一家自主研发、生产和销售高品质商用车空压机的企业。公司主要产品为车用空压机，有 2000 多个品种，广泛应用于轻、中、重型载货车，大、中、小型客车以及商务旅行车，皮卡，装卸车等各个领域，主要为康明斯、潍柴、玉柴等高端客户配套，年产能 120 万台，是世界前三位的空压机供应商。公司拥有强大的产品自主研发能力，空压机全功能产品试验室国内领先，并已启动 CNAS 国家认证。CAE 设计的普遍应用大大降低了试验费用并缩短了开发周期，目前已获得 30 多项空压机专利和 5 项国家发明奖。

二、从成本项目差异率的异常中寻找问题

作为国有与民营合资的汽车零部件制造企业，瑞立美联公司应用标准成本核算流程已经 20 多年了，但是标准成本数据的准确程度往往制约着企业的成本管理水平。随着公司内外部环境的不断变化，原有的标准成本数据需要不断调整和完善。近年来，瑞立美联财务部通过召开多部门现场讨论会，创新性地引入质量管理工具"人机料法环测"（5M1E）分析法，全面分析造成高成本问题的关键所在，进而制定标准成本，使得标准成本更加准确，为公司降低成本起到了关键作用。同时，由于标准成本的准确度提高，公司在调整产品结构、投资决策、绩效管理等方面有了准确的数据基础。下面是具体案例：

公司的标准成本分为直接材料费、直接人工费、可变制造费和固定制造费用。每个工作单元即为一个工作中心。不同的工作中心任务不同，工时定额不同，产品的标准成本也就不同。会计人员通过对核算过程中标准成本与实际成本所产生的差异进行分析，发现直接材料、直接人工和固定制造费用差异率基本在 5% 以内，而可变制造费用差异率却高达 -30%。财务人员认为这里面肯定存在问题，可问题出在哪里又经常困扰着会计人员。

瑞立美联财务副总经理认为，要运用好标准成本管理这一理论，必须有一个正确合理的标准成本，瑞立美联公司构成产品的物料与产品实体是一对一的关系，生产操作人员定岗定编，固定制造费用只是设备折旧和间接人员工资，因此，直接材料、直接人工和制造费用的标准成本比较准确，在生产制造过程中也便于管控，但可变制造费用受多重因素影响，消耗较大且不易管理。在可变制造费用的各类费用项目中，每年刀具消耗的总额高达1500多万元，占可变制造费用总额的30%，在所有的费用消耗中高居第一位。

三、通过现场讨论会多部门全方位探测影响成本的因素

之前，瑞立美联公司的技术中心和生产车间经常对定额的合理性与消耗的合理性问题争吵不休，会计人员更是经常无从下手。为此，财务部决定召开标准成本车间现场讨论会，除了标准成本管理小组人员参会外，采购部、质量部、物流部等其他部门的负责人也参加了此次会议。会上，会计人员通过在现场的观察认为，加工产品所消耗的费用是受多方面因素制约的，工艺人员和车间人员仅从理论计算和实际消耗角度看待问题有一定的片面性。在场的质量部人员提出，在质量管理工作中，如果产品质量有波动就会用到5M1E分析法，在人、机、料、法、环、测六个方面进行实际验证，分析原因，找出改善点，也能降低成本。生产车间和技术人员均认为在公司现有资源的情况下，可以尝试将此方法应用到降低制造费用上。会计人员受此启发后，对5M1E分析法组织了学习和现场调研，决定联合技术中心、质量部在生产车间实施5M1E分析法，系统分析影响刀具消耗的因素，发现工作中心使用的某型号刀具，单位价值为1200元，且消耗量较大。在一定条件下单位工时刀具消耗量应该是一定的，但在实际加工过程中，会计人员发现该刀具的消耗量变化波动性较大。

会计人员从5M1E分析法的人、机、料、法、环、测六个方面进行分析后认为，应认识核心因素——人。人在内外部环境影响下会产生情绪上的波动。如果没有高质量的员工就不可能有高质量的产品，因此质量管理应从人的要素入手。通过数据分析，会计人员发现人的因素影响为13%，因此，从成本控制的角度，财务部门向人力资源部门提出对现场加工人员进行针对性培训的建议。

在其他条件相同的情形下，不同的设备对成本可能产生不同的影响。通过数据分析，发现"机"的影响因素为4%。没有合格的原材料，不但会影响产品质量，还会影响产品的加工成本。自制和外购毛坯的硬度有时有较大的差异，对加工成本也会有不同的影响，会计人员通过分析发现，"料"的因素影响为61%，因此，即使毛坯的硬度在质量许可的范围内，为了降低成本，财务部门也应该向质量部门提出改善的建议。

质量管理中的"法"就是指工艺方法、操作规程等，通过分析发现"法"的因素为1%，相对影响较小。此外内外环境的"环"因素影响为6%。

综合分析归纳以上各因素后，财务部门发现，改善毛坯材质是公司的首要工作，也是最难改善的工作。如果在各因素都正常的情况下，通过以上数据可以得出，该型号刀具的目标消耗定额确定为每小时 0.24 把较为合理。

四、通过 5M1E 分析法查找原因

通过 5M1E 分析法，得出刀具成本高的根本原因在于材料硬度不同，导致刀具的损耗不同，最后通过降低购进材料的硬度指标，从而降低了刀具的损耗成本。

在制定标准刀具消耗后，很明显地可以看出是由于毛坯材质问题导致刀具的实际消耗过高。由此财务部门联合工艺部、质量部立即制订了改进计划，再由工艺部对毛坯合金含量、重量等方面进行综合论证后，质量部将毛坯的硬度检验指标上限下调 10%，对不能完成硬度指标的供应商提供技术支持。公司用两个月的时间完成了对毛坯材质的改进、设备调整、人员培训和现场环境的改善。仅此一项，全年的刀具消耗成本节约 160 多万元。

通过 5M1E 分析法制定标准后，会计人员在对可变费用的分析过程中，相继发现生产车间在使用刀具的过程中存在以次充好、未按工艺要求使用指定刀具等现象。有了准确的准备成本和科学合理的管理工具，公司顺利完成了刀具消耗降低 8% 的年度目标。不仅如此，还运用 5M1E 分析法对差异进行系统性分析，从而准确地发现差异原因，并制订针对性改善计划。财务部将质量部纳入，并通过培训等方式将此方法逐步推广到生产车间，在降本增效过程中得到了广泛运用。由于各公司实际情况不同，成本控制水平也不一样，同一产品的标准成本也会有高有低，瑞立美联财务副总理认为，只要坚持运用 5M1E 分析等科学方法不断地完善标准成本，公司的产品成本就会越来越有竞争力。作为一个合格的管理会计，除了履行核算和监督职能外，还要积极参与到企业的经营管理中，学会跨界学习，多了解其他领域的知识和技能，才能结合会计工作不断创新，为企业创造价值，真正体现管理会计的魅力。

五、案例启示

首先，通过分析找出问题异常点，异常点往往是问题所在。瑞立美联公司在标准成本的制定过程中，以刀具消耗为例，发现工作中心使用的某型号刀具，单位价值为 1200 元，且消耗量较大。在一定条件下单位工时刀具消耗量应该是一定的，但在实际加工过程中，会计人员发现该刀具的消耗量变化波动性较大。

其次，现场办公往往是发现问题的最直接的方法。在财务人员发现异常点后，瑞立美联财务部决定召开标准成本车间现场讨论会，并提出除了标准成本管理小组人员参会外，采购部、质量部、物流部等其他部门的负责人也参加此次会议。

最后，多部门多方位观测——从六大方面分析影响成本因素。从 5M1E 分析法的人、机、料、法、环、测六个方面分析，并就逐个因素进行排查。通过分析，会计人

员最终发现,"料"的因素影响为61%,最终确定是自制和外购毛坯的硬度对加工刀具成本有不同的影响,得出刀具成本高的根本原因在于材料硬度不同,导致刀具的损耗不同,最后通过降低购进材料的硬度指标,降低了刀具的损耗成本。

参考文献

[1] 稻盛和夫. 阿米巴经营 [M]. 陈忠译. 北京:中国大百科全书出版社,2009.

[2] 吴富中. 基于管理会计的内部管理报告体系构建——以得力文具为例 [J]. 财会月刊,2016 (04):71—77.

[3] 白贵玉,徐向艺,徐鹏. 知识型员工非物质激励与创新绩效的关系 [J]. 经济与管理研究,2016,37 (05):121—128.

[4] 曹慧. IT企业知识型员工非货币薪酬激励实证研究 [D]. 兰州大学,2009.

[5] 黄维,廖小薇,付景涛. 激励强度对员工反生产行为的影响——组织认同的中介效应 [J]. 长沙理工大学学报(社会科学版),2018,33 (02):95—102.

[6] 贾凡胜,张一林,李广众. 非正式制度的有限激励作用:基于地区信任环境对高管薪酬激励影响的实证研究 [J]. 南开管理评论,2017,20 (06):116—128.

[7] 刘方龙,吴能全. 探索京瓷"阿米巴"经营之谜——基于企业内部虚拟产权的案例研究 [J]. 中国工业经济,2014 (02).

[8] 刘湘丽. 日本京瓷公司阿米巴管理的案例研究 [J]. 经济管理,2014 (02).

[9] 张瑶. 阿米巴经营模式在H互联网创业公司的应用研究 [D]. 北京:首都经济贸易大学,2017.

[10] 刘昕. 非正式组织对企业管理效率的影响探究 [J]. 中国商论,2017 (09):154—155.

[11] 刘艳菊. 非正式组织中个体间的关系对隐性知识共享影响的实证研究 [D]. 西安电子科技大学,2011.

[12] 上总康行. 京瓷的大家族主义经营与管理会计 [J]. 上海立信会计学院学报,2010 (01):3—11.

[13] 田鑫. 基于阿米巴的SK公司经营模式研究 [D]. 石河子大学,2016.

[14] 汪超群. H公司基于阿米巴模式下的绩效评价研究 [D]. 湖南大学,2012.

[15] 朱明明,巫蓉. 阿米巴模式下的企业成本控制探微 [J]. 财会月刊,2017 (22).

[16] 曾毅. 基于阿米巴模式的A公司成本管控方案设计及实施研究 [D]. 重庆:重庆理工大学,2017.

[17] 刘栩萌，黄溶冰．中科金财多层级合伙人阿米巴经营管理模式探讨［J］．财会月刊，2017（28）．

[18] 稻盛和夫．稻盛和夫的实学：经营与会计［M］．曹岫云译．北京：东方出版社，2015．

[19] 稻盛和夫．阿米巴经营——人人都是经营的主角［M］．曹岫云译．北京：中国大百科全书出版社，2016．

[20] 刁东平．人人都是经营者——阿米巴中国落地［M］．厦门：鹭江出版社，2016．

[21] 夏鑫，李雨奇．LZ煤矿基于作业的全面成本控制与实践［J］．财务与会计，2017，No.54012：34—36．

[22] 陆云芝，俞峰．基于人本视角的管理会计价值创造研究——以海尔集团人单合一管理为例［J］．财会通讯，2012（28）：12—13．

[23] 倪燕．新形势下建筑施工企业的成本控制［J］．中国乡镇企业会计，2017（06）：151—152．

[24] 刘宏金．浅析发电企业成本控制的分析［J］．中国国际财经，2017（10）：224—225．

[25] 庞艳桃．企业持续创新体系运行机制研究——以海尔为例［J］．科技进步与对策，2010（18）：74—76．

[26] 崔丽，胡洪林．农产品质量安全控制下"农超对接"主体间成本分担机制［J］．系统工程，2017，v.35（03）：131—136．

[27] 李磊磊．R&D投资效益与成本的平衡控制［J］．商业经济，2017（09）：165—166．

[28] 李晓阳．强化经营成本控制完善热力公司财务管理探析［J］．纳税，2017，No.16521：42．

[29] 张超，邹杭兵，朱卫东，刘桂玲．海尔互联网转型中的人本管理会计实践［J］．财会月刊，2018（12）：09．

[30] 苏洪林，肖传亮．新经济时代背景下民营企业人本管理文化构建的着力点［J］．当代经济，2019（01）：10．

[31] 张超，邹杭兵，朱卫东，刘桂玲．海尔互联网转型中的人本管理会计实践［J］．财会月刊，2018（23）：81—87．

[32] 丁胜红，吴应宇．基于人本经济发展观的管理会计理论体系与计量方法创新探讨［J］．会计研究，2019（01）：53—58．